音楽科授業サポートBOOKS

日本一分かりやすい！

伝統音楽の基礎知識＆活動アイディア

―にほんごは おんがくの すてきな おかあさん―

「日本の伝統音楽の授業を楽しくしたい！」という先生のための新しい音楽教科書

伊野義博 著

明治図書

はじめに

◆日本の伝統音楽の授業はどうしていいかわからない

　「子どもたちに日本文化のすばらしさを伝えたい。伝統音楽のおもしろさを共有したい。でも，とても難しそう。だからどうしても避けてしまう」といった声をよく耳にします。本書はそうした先生に贈るコロンブスの卵的提案と方法論です。
　結論を先に述べるならば，次のようになります。
　「心配することは少しもありません。私たちの毎日の生活は，伝統音楽のエキスであふれています。日本語を話しているあなたの身体には，日本の伝統的な音楽性が染み込んでいるのです。そしてこれは子どもたちも同じ。大切なのは，そのことに気付くこと，そしてそれを授業に生かすことです。」

◆先生自身が伝統——身体化された音楽の特性

　日常のちょっとした例をあげてみましょう。
　夜，疲れて帰宅し，自宅の椅子に腰掛けるその時，思わず「どっこいしょ」と言ってしまうことがありませんか。身体にむち打って夕飯の準備に立ち上がるその時にこれまた思わず「よっこらしょ」が口をついて出てくる。
　運動会前日，職員総出で準備にかかるとしましょう。重いマットや跳び箱を運ぶその時，みんなで声を合わせるそのかけ声は，「せーの！」。身に覚えはありませんか。
　無意識な行為としての「どっこいしょ」や「せーの！」ですが，これが実に日本的なのです。音楽的な「拍」の点からとらえると，前者は，「ドッコイ｜ショ」，後者は，「セー｜ノ」と二分され，二拍でひとまとまりとなります（「ドッコイショ」は，ゆっくりやれば「ドッ｜コイ｜ショ｜○」と二拍二つ分にとらえることも可能です）。
　ちなみに，「ドッコイ｜ショ」と繰り返し言いながら手のひらを上下に動

かして，どんな拍感になるか体感してみましょう。「ドッコイ」で下方へ，「ショ」で上方です。おそらく手はそれぞれの拍で一旦停止し，バウンドを嫌います。「イチ｜トー」「ニィー｜トー」といった感じですね。こうした前後の拍は，伝統的に「表間(おもてま)」「裏間(うらま)」などと名付けられてきたもので，西洋音楽のビート感とは異なります。そしてこの拍の感じには，「こきりこ節」や「ソーラン節」がピッタリ合うのです。ちなみに，「イチ｜トー」「ニィー｜トー」の拍感にのって，これらの曲を歌ってみてください。

　もうおわかりでしょう。日本語で毎日「どっこいしょ」と言っているあなたは，すでに伝統音楽の世界にどっぷりと浸かっているのです。日本の伝統音楽の授業は，ここを出発点にするといいと思っています。

2019年3月

伊野　義博

もくじ

はじめに 3

第一章　伝統音楽の授業は誰でもできる！　理論編

1. ことば　響き　身体　10
2. にほんごは　音楽のすてきなおかあさん　13
3. ことばと音楽　13
4. うたを生み出すことばの力　19
5. うたで会話―即興と掛け合い　22
6. フォークを箸に持ち替えて（方法論）　26

第二章　体験型で楽しく学べる！　伝統音楽の活動アイディア75　レッスン編

1 ことばと身体　30

1. 数えてみよう　30／2　ジャンケンで遊ぼう　30／
3. うんとこしょ　どっこいしょ　31／4　拍の感じを生かして歌おう　31／
5. ウエ　シタ　32／6　一本締め　32／7　点呼　33／8　拍子木で点呼　34

2 音楽になりたい声とことば　35

1 その声はどんな色？　35

9. あなたの声はどんな色？　35／
10. 友達の声は，どんな色？　その1　36／
11. 友達の声は，どんな色？　その2　36／
12. 友達の声は，どんな色？　その3　36／
13. 声の表現の違いを楽しむ　その1　37／

14 声の表現の違いを楽しむ　その2　37／
15 声の表現の違いを楽しむ　その3　37

2 ことばの響きを体感　39
❶ 日本語の発音体感　39
16 個々の音を楽しもう　39／17 擬音語，擬態語で遊ぼう　その1　40／
18 擬音語，擬態語で遊ぼう　その2　40／
19 擬音語，擬態語で遊ぼう　その3　40／
20 擬音語，擬態語で遊ぼう　その4　41／21 響きを楽しもう　41／
22 能の囃子を聴こう　唱えよう　42

❷ 集団の響き　43
23 みんなでおしゃべり　その1　43／24 みんなでおしゃべり　その2　43／
25 声明を聴こう　43／26 地謡を真似よう　44

❸ ことばの表現法　45
27 今の気分はどんな声　45／28 私は誰でしょう　45／
29 様式による声の表現　狂言　46／30 様式による声の表現　歌舞伎　46／
31 様式による表現　義太夫節　46／32 様式による表現　様々　46

3 ことばから音楽へ　47
1 個々の響きを音楽へ　47
33 地域の祭り囃子を聴こう　47／34 唱歌でつくろう　その1　48／
35 唱歌でつくろう　その2　48／36 唱歌で歌ってみよう　49

2 ことばのリズムや抑揚　50
37 ことばをつなげて遊ぼう　50／38 七五調で遊ぼう　50／
39 抑揚を生かして　51／40 抑揚や間を工夫してリズミカルに　51／
41 自己紹介をしよう　51

4　音楽になったことば　　52

1　時間のとらえ　52

❶　拍，拍のまとまり，拍の伸縮　52
　42　拍をつかまえる　52／43　足し算の拍子１　52／44　足し算の拍子２　53／
　45　八拍のまとまり　53／46　拍の伸び縮み　55／47　拍の扱い　55

❷　間をとる　57
　48　間をつかむ　57／49　間の性格　57／
　50　国語教材にも「間」がいっぱい　58／51　間でつくる　58

❸　ノリ　58
　52　ノリの良さとは　58

2　ふしのとらえ　60

❶　息でうたう　60
　53　息のリズム　60／54　売り声をつくる　60／
　55　息のリズムを聴き取る，感じ取る　61

❷　ふしを飾る　61
　56　小節・塩梅をつかむ　61／57　ふしを飾る　61

❸　自分の声の高さで　62
　58　個々の声に合った音高　62／59　集団の響き　62

3　合わせる　63
　60　息，呼吸，気配で合わせる　63／61　それぞれの合い方　63

5　内的に創られた音　　64
　62　音はいつ無くなる？　64／63　内なる音を聴く　64／64　先人の耳　65

6　「今」とつなげる　　66
　65　隠れている伝統をつかまえよう　67／

66 謡の拍節法と日本の歌を比較し，関連性をとらえよう　67／
67 ことばの性格を生かして歌おう　69

7 「国語科」とつなげる　70

68 おはよう　70／69 うたに　あわせて　あいうえお　71／
70 あり　えき　いか　おに　うし　74／71 かきと　かぎ　76／
72 ねこと　ねっこ　77／73 おむすび　ころりん　78／
74 かぞえて　みましょう　78／75 とん　こと　とん　80

第三章　常時活動で「うたうこと」を取り入れる！
伝統音楽の活動アイディア23　実践編

1 いろんなわらべうたで遊ぼう　82／2 拍子木で遊ぼう　82／
3 ヴァリアンテをつくろう　83／4 いろんな言い方・歌い方があるよ　83／
5 トントントンは何の音？　83／6 楽器とおはなし　84／
7 となりのおばさ～ん　行けない理由は？　85／8 うたの変身！　86／
9 声のおみせやさん　86／10 うたでおはなし１　86／
11 うたでおはなし２　88／12 自分のつくった子もりうたで歌いかけよう　89／
13 いろいろつくろう「ほたる」のうた　90／
14 ことばのリズムと抑揚を生かして　91／15 呼び出しごっこをしよう　91／
16 音頭一同形式で遊ぼう　92／17 うたの伝言ゲーム　92／
18 賢治とともに　93／19 七と五でつくろう　95／20 ふしでつくろう　95／
21 掛唄に挑戦　96／22 うたのまわりっこ　97／
23 うたで伝え合い　97

おわりに　98
音源・映像／引用・参考文献・映像／初出・構成　100

第一章

伝統音楽の授業は誰でもできる！

本書の背景となる考え方についてお話をします。すぐに実践をご覧になりたい方は，遠慮なく第二章へお進みください。ここでの内容は，「ことば」すなわち日本語の特性と身体性が伝統音楽と深い関わりがあること，日本語が音楽を生み出す母親のような役割を果たしていることなどを具体的に説明します。そして，最後に「フォークを箸に持ち替えて」と題して，実践の方法論について触れていきます。

理論編

1　ことば　響き　身体

　ここで言う「ことば」とは，具体的には，日本語のことです。話しことばとしての日本語の特性は，伝統音楽の根本的な性格に直接関わっています。例えば，しばしば子どもが口ずさむ「どれにしようかな神様の言うとおり」，あるいは「お寺のおしょうさんがかぼちゃの種をまきました」などのわらべうたでは，「ど」「れ」「に」「し」「よ」「う」「か」「な」と一音に一拍が当てはめられます。こうしたやり方は，能の大ノリなどの表現法に通じています。ちなみに「どーれーにーしーよーうーかーなー」と同じようにして「その時義経少しも騒がず」と言ってみましょう。「そーのーとーきーよーしーつーねーすーこーしーもーさーわーがーずー」。能「船弁慶」の謡にそっくりですね。

　さて「どれにしようかな」を歌ってみましょう。「レドドドレドドレ」といったような「ふし」となります。もっとも地方によって話しことばのイントネーションが異なりますから，「ふし」も多少の違いが出てくるでしょう。またこの場合，「レド」の関係は相対的なものです。いわゆる長二度の関係と考えてください。そしてこの「ふし」は，上の音で終止する性格を持っています。この二音からなる音階もまた伝統的です。

　学習指導要領の解説では，「拍のない音楽」という用語があります。これ

は，例えば手拍子で一定の拍が刻まれるような構造を持たない音楽のことで，教科書教材でいうならば民謡の「南部牛追い歌」や「音頭の舟歌」などが該当します。「いなかァ〜なれどもサァ〜」のふしは，息をたっぷりと使って，「いなか」「なれども」といったことばのまとまりをつくりながら，旋律は大きく山型に弧を描きます。こうした息やことばの用い方は，何も特別なものではなく，例えば子どもが遠くにいる母親に「おかあさァーン」と呼びかける時の声の使い方に共通しています。竿竹売りの「たーけやーさおだけー」や相撲の呼び出しの「に〜ィしィ〜△△やまー」などになると，きわめて音楽的です。「ァ〜」「ィ〜」などのように母音を伸ばして産字で小節（うみじ）（こぶし）をつくったり，「おかあ」「さおだけ」のようにことばをまとめて歌いだしたりする現象は，「拍のないリズム」を持つ日本の歌に典型的に見られます。

　さて，日本語の持つ語感は，それを話している人の感性的な側面を日々直接的に刺激しています。例えば「カ」「キ」「ク」などの音（おん）は，何か硬く角ばったイメージを与え，「サ」「シ」「ス」などは，摩擦感のある空気の流れを感じさせますね。「パン」「ポン」などは，少しはじけてバウンドするようなイメージがあります。

　日本の伝統音楽では，こうした響きの感覚をとらえ，「唱歌（口唱歌）」（しょうが）（くちしょうが）として表現し，楽器の習得や教習に用いてきました。ちなみに「ドンドンカカカ」「ドドンコドンドン」といった太鼓の唱歌を唱えてみてください。どんなリズムかたちまちわかりますよね。それから「ドン」と「カ」といった音色の違いも。さらに，「ドン」と「コ」では，強さも異なります。もっとすごいのは，奏法までわかってしまうことです。「ドン」は，太鼓の中心を叩きますし，「カ」は枠打ちですね。

　教科書にも登場する箏曲「六段の調」は「テーーントンシャン」といった唱歌で始まりますが，この唱歌の中には，旋律（ふし回し）やリズム，音色，さらに奏法まで，音楽表現上の細かな情報が一体化して含まれています。こうした唱歌による表現は，日本の伝統音楽を習得する上では欠くことのできないものですが，ここでは，日本語がその特性をいかんなく発揮し，音楽の

世界を見事に表現しているのです。

　こうしたことは，日本語が豊富な擬音語や擬態語を持ち，それを母語とする人々が，子どもの頃から日常的にその語感に浸っていることと深く関係しています。一例として，わらべうた「あぶくたった」をあげておきましょう。

あぶくたった

　　あぶくたった　にえたった
　　にえたかどうだかたべてみよう　ムシャムシャムシャ
　　まだにえない
　　あぶくたった　にえたった
　　にえたかどうだかたべてみよう　ムシャムシャムシャ
　　もうにえた
　　とだなにしまって　ガチャガチャガチャ
　　おふろにはいって　チャプチャプチャプ
　　おふとんしいて　でんきをけして
　　おやすみなさい

　　トントントン　なんのおと　かぜのおと　ああよかった
　　トントントン　なんのおと　△△のおと　ああよかった
　　トントントン　なんのおと　△△のおと　ああよかった
　　トントントン　おばけ　（キャー）

　唱歌は，このような「ムシャムシャ」「ガチャガチャ」「トントン」といったことばの性質が生かされてできています。ですから，それを唱えると一瞬にして音楽をまるごと受けとめることが可能になるのです。日本語ってすごいです。
　日本語を話し，身体化している日常的な営みは皆，伝統音楽と本質的な部分でつながっているということができるのです。

2　にほんごは　音楽のすてきなおかあさん

　このように日本の子どもは，日常的に豊かな伝統的な感性に浸って生活しています。例えば，子どもが「ジャンケン　ポン」と遊ぶ時，「どれにしようかな」や「せっせっせ」などをうたう時，そこでは，日本語の響きや身体感覚にもとづいた拍感が自然に生まれてきます。ことばは音楽と深くつながっていきます。特に日本の伝統音楽の場合，これが顕著に見られるのです。生まれた時からシャワーのように浴びる日本語の様々な特性や発音体感，すなわち日本語で生活していることそのものが，子どもにとっては「音楽のゆりかご」なのです。つまり，子どもにとって，「**にほんごは，おんがくのすてきなおかあさん**」と言えるでしょう。

3　ことばと音楽

　それでは，日本語を話す，日本語で表現しているということは，どのように音楽的なのでしょうか。ことばの持つ音楽的な側面について，もう少し詳しく考えてみましょう。

　ことばは，ちょっと意識するとたちまちすてきな音楽に変身します。例えば「おかあさん」という時のことを考えてみてください。子どもの口からは，毎日いろんな「おかあさん」が生まれていますが，それらはどれも「音楽的」です。

　ごく普通に「おかあさん」と発する時，　お かあ さん　といった高低アクセントが生まれます。おかあさんを呼ぶ時の状況によって，いろいろな表現が生まれてきます。

　近くにいるおかあさんに声をかける時は，　お か あ さん　あるいは「かあ」より「さん」の方がもっと高い音になることもあるでしょうか。遠くにいるおかあさんを呼ぶ場合は，　お か あ さ ー ー ー ん　となったりします。呼び手の個性や感情によって，声の音色や抑揚，発音の仕方

も微妙に変化します。甘える時，しかられた時，切ない時……等々。これらの表現には，音の高低，音色，発声，発音，音勢等の要素が含まれており，皆音楽的です。

「おかあさん」という呼びかけに対して「なあに」という応答が生まれます。この時，子どもの発する「おかあさん」と，母親の応える「なあに」の間には，一呼吸を単位とした自然なリズムが形成されます。この会話のアンサンブルは，相互の気持ちと呼吸が合うことにより，いっそう確かなものとなります。また，呼びかける子どもの感情やその感情をどのように受けとめておかあさんが答えるかによって様々な表現が生まれてきます。

日本の子どもの音楽的表現の形式について藤田芙美子氏は，「日本の子どもの『音楽表現の形式』の基礎的な単位は，一呼吸周期で発話される日本語のフレーズ，語，音節によって作り出される。その音響構造は，その行動が起こったときの子どもの表現意欲の強さ，呼吸の長さ，日本語の音構造を変数として決定される」ことを明らかにすると同時に，この「音楽表現の形式」が「日本の子どもたちのパフォーマンスに一貫して認められる」ことを指摘しています（藤田，1998）。

この事実は，学校における音楽教育を考える上できわめて重要なことに思われます。子どもの音楽表現の基本構造が，呼吸に支えられた日本語のフレーズ，語，音節によって成り立っているならば，その事実を根幹にすえた音楽教育がなされる必要があるでしょう。

ことばは，呼気と吸気の繰り返しによる人間の呼吸によって外界に声として発せられますが，そこでは，日本語が自然に形成するリズミカルな様相がよくわかります。

わたくし　生まれも育ちも葛飾柴又です
　　帝釈天で産湯をつかい　姓はくるま　名はとらじろう
　　人よんでふうてんの寅とはっします

　渥美清主演，山田洋次原作・監督の名画「男はつらいよ」では，寅さんがこのように自己紹介をします。この場合，「姓はくるま」「名はとらじろう」といったそれぞれの語でフレーズが小さく区切られ，呼吸のたびに「間」が生じます。また，「姓は」「とらじろう」「ふうてん」といった箇所で音高が上がって音勢が強調され，日本語の抑揚表現が光ります。そして，寅さん役の渥美清のすてきな声の色に支えられていっそう豊かな表現を帯びてきます。
　寅さんの名調子は，こうした日本語を発する時の言語的身体的特性がいかんなく発揮されているのです。歌舞伎「勧進帳」の富樫の名乗りも同様ですね。

　　　斯様に候ふ者は，加賀の国の住人，富樫の左衛門にて候

　このように，ことばは声に出して伝えられた時，内包されていた音楽的な躍動があふれ出てくるのです。すぐれた感性を持った先達が，音楽性あふれるすばらしいことばを生み出してきました。

　　どっどど　どどうど　どどうど　どどう
　　青いくるみも吹きとばせ
　　すっぱいかりんもふきとばせ
　　どっどど　どどうど　どどうど　どどう
　　　　　　　　　　（「風の又三郎」宮沢賢治，1963, p.257）

日本語の場合，特に七，五といったことばのまとまりにより，リズミカルな語調を生み出し，様式化されたことばのすばらしさを味わうことができます。例えば，次のような歌舞伎の七五調のせりふがあります。

　　弁天小僧菊之助：雪の下から山越に，まずここまでは落ちのびたが，
　　忠信利平：行く先つまる春の夜の，鐘も七つか六浦川，
　　赤星十三郎：夜明けぬうちに飛石の，洲崎を放れ舟に乗り，
　　南郷力丸：故郷を後に三浦から，岬の沖を乗りまわせば，
　　日本駄右衛門：陸と違って浪の上，人目にかかる気遣いなし，

　　　　　　　　（歌舞伎「白浪五人男（青砥稿花紅彩画）稲瀬川勢揃いの場」より）

　こうした例は，何も大人の世界に突然あらわれるわけではありません。子どもの世代と深く関わっているのであり，その関わりの連続が様々な伝統芸能や音楽，文学に集約されてきたのです。

　　グッチッパーの　パのグのチのパのグ
　　ジャンケンポン　　　　　　　　　　　　（じゃんけんうた）

　　おちゃらか　おちゃらか　おちゃらかホイ
　　おちゃらか　かったよ（or まけたよ　or あいこで）
　　おちゃらかホイ　　　　　　　　　　　　（じゃんけんうた）

茶ちゃつぼ　茶つぼ
　　茶つぼにゃ　ふたがない
　　そことって　ふたにしょ　　　　　　　　　（手遊びうた）

　ワンワン，ピーチクパーチク，ドンドン，ガタガタ等々，日常的に話す日本語そのものがすでに基本的な拍感を持っており，音楽になって羽ばたこうとしています。子どもが「おちゃらか〜」などを遊ぶ時，日本の伝統音楽の中に見られる，一拍連続の拍感や，表間，裏間といった感じ方を十分に楽しんでいることになります。
　さて，ことばの持つ音楽的な側面は，子どもの感情，呼吸，遊びの様態などと絡み合いながら「ふし」となっていきます（○は一拍を示します）。

　先ほどの「おかあさん」は，
　　おかーあさん○
　　ドレ　ドレ　○　（相対音高，以下同様）
　友達を遊びに誘う時は，
　　たーかしくん○あーそびーましょ○
　　レ　ドドレ　○ラ・ドレ・ドレ　○

などとなったりします。
　子どもがよくやる遊びに「だるまさんがころんだ」がありますが，ここでは鬼になった子の口からは，いろいろな「だるまさん」を聞くことができます。

　一拍ずつ，単調に言うと，

　　だ　る　ま　さ　ん　が　こ　ろ　ん　だ

となりますし，前後にことばを集めると，

　　　　だるまさんが――――――――――ころんだ

などとなったりします。
　また，歌にしてしまう子どももいます。例えば，

　　　だーるまさんが　こーろんだ○
　　　レ　レレ　レレレ　レ　ドドレ○

　まさに，先ほどの藤田氏の指摘の通り，「その行動が起こったときの子どもの表現意欲の強さ，呼吸の長さ」が変数となり，いろいろな表現が生まれています。私たちにとって大切なのは，日本の子どもがこうしたすてきで豊かな表現方法をすでに自身の内に身体化していること，そしてそうした子どもと一緒に音楽をしようとしているという事実です。

4　うたを生み出すことばの力

　「おかあさん」のところですでに触れましたが，日本語の持つ高低のアクセントは，それに最も適した音程関係に対応してきます。最も基本的なものは，レドレドといったように長二度の間隔を持ったものです。ちなみに，子どもが一，二，三と数を数える時は，

　　　いーチー　にーイー　さーンー　しーイー　ごーオー〜
　　　レ　ド　　レ　ド　　レ　ド　　レ　ド　　レ　ド　〜

といった形の歌にしたりします。また，「ちゅうちゅうたこかいな」の場合，

　　　ちゅうちゅうたーこかーいな○
　　　ド・レミ・ミレ・ドラ・ドレ○

となって，ラドレ（ミ）といった音階が使われたりします（音高は相対的なものです）。これらは，わらべうたで用いられてきた伝統的な音階です。このように，ことばと歌は密接な関係を保ってきました。日本語で遊んでいると「歌を自然に生み出す力」がついてくるのです。
　この力によって，子どもたちは新しい歌をどんどんつくり出してきました。歌をつくるといった場合，私たちは一般に「作曲」という行為を思い出します。しかし，日本において，特に一般的な人々にとっては，ある歌や曲をつくり出すということと，私たちが考えている作曲という概念とはずいぶん異なっていました。歌づくりは，もともとあったものに何らかの変容を加えてつくり替えていくのがもっとも基本的な方法でした。これは，子どもの世界でも大人の世界でも同じです。そしてここでもことばは重要な役割を果たしています。
　例えば，手遊びのじゃんけん歌「おてらのおしょうさん」の場合，私がよく知っているのは次のものです。

おてらのおしょうさんがかぼちゃのたねをまきました
　　めがでてふくらんで　はながさいて　ジャンケンポン

　この後半部分「ふくらんで」以降は，次のようなたくさんの，でも少しずつ違った歌（ヴァリアンテ）を見つけることができます。

・はーながさいてひーらいて　エッサカサーのジャンケンポン
・はーながさいてひーらいて　エッサカホイ
・はーながさいたらかれちゃって　にんぽうつかってそらとんで
　テーレービーのーまーえーで　チャンネルまわしてジャンケンポン
・はーながさいて　みになって　ピストルパストル　ぐんかんのって
・はーながさいて　みがなって　くるくるまわして　ジャンケンポン

　このように，わらべうたに見られるたくさんのヴァリアンテは，日本の子どもがもともと歌をつくり出す豊かな能力を持っていることを示しています。こうした能力は，大人世代に通じていき，人々は多くの「うた」を生み出してきました。無数に存在する民謡はその代表格です。「うた」は，生活の中で，歌う人自らがつくり，歌うといった行為の過程で次第に形づくられ塗り替えられてきたのです。「もと」となる「うた」を，自身や集団の中に取り入れ，新たな自分（たち）の「うた」を生み出す作業の繰り返しです。
　例えば，次の楽譜は，新潟市内野の盆踊り唄の歌い出しです。

　　歌い出し１：盆だてがんね　なすの皮の雑炊らイェー
　　歌い出し２：竹の切り口に　しこたんこたんと　なみなみたっぷり
　　　　　　　たまりし水はイェー

　「歌い出し1」は、盆踊り唄の中で最もよく歌われるパターンですが、盆踊りは、歌い手の気分を自由に即興することがその醍醐味ですので、「歌い出し2」のように、たくさんの歌詞を入れ込んでしまうこともでてきます。ことばを拍に乗せ、付加していくことによる即興的な表現が見て取れます。

　民謡の成立について町田佳聲氏は、歌い手に作者という意識がなく、おもしろいふしを個々別々に真似て仲間うちや共同体の中で修正され、やがては土地の民謡として成立していくものであることを指摘しています（町田，1967，p.48）。また、民謡の旋律認識について柿木吾郎氏は、有名な「刈干切唄」の比較分析を通して「日本の民謡では、旋律の各部分の構造式が同じであり、かつ特徴的なリズムも含めての旋律曲線がだいたい一致してさえいれば、細部の旋律運動（小節など）にかなりの相違があっても、一般には一つの旋律として認識され、きかれている」という事実を示しています（柿木，1982，p.119）。西洋的な耳から言えば明らかに異なっている旋律を同一のものとして認め、次々に改変していく態度が、新たな様式を創り出していきました。日本では、まさにこのようにしてたくさんの歌が生まれてきたのです（伊野，2001）。

　この「うた」をつくり出す能力はしかし、現代ではいつのまにか消えようとしています。音楽科教育では、「すでにできあがった作品」の表現や鑑賞に重点がおかれ、創作の学習では、他と違ったオリジナリティのある曲を〈作る〉ことこそが、個性として認められてきました。

5　うたで会話―即興と掛け合い

　さて，このように，うたを自分の好きなように歌い，つくり替え，相手に伝えることは，日本の子どもにとっても大人にとっても，ごく自然な行為でした。うたは昔から「会話の方法」（鈴木，1987，p.130）だったわけです。
　近代日本の学校音楽教育に対して，音楽学者の小島美子氏は，「歌や音楽というものは，本来タテマエなんぞでやるものではなくて，もっと直接的に自分たちの感じることをそのまま表現し，もっと卒直に楽しむ身近なものだということを，決定的に忘れさせてしまった」（小島，1981，p.230）と批判的です。私たちは，教室にもっと「直接的に自分たちの感じることをそのまま表現」するうたを取り戻す必要があるのではないでしょうか。
　「会話の方法」としてのうたの初期段階は，きわめて素朴なものです。冒頭で「おかあさん」「なあに」の例をあげましたが，こうした形と思いが原型でしょう。子どもに「おかあさん」と呼びかけられれば「なあに」とお返事したくなりますよね。わらべうたには，呼びかけの形がたくさんあります。もっとも自然や動物に呼びかけたり，友達と一緒に遊んだりする時のうたですから，当たり前とも言えます。一例をあげます。

　　・あした天気になあれ
　　・たこたこあがれ　天まであがれ
　　・ホッホッほたるこい　あっちのみずはにがいぞ
　　・さよなら三角またきて四角
　　・からすかねもん勘三郎　われが家ぁみな焼けた
　　・かごめかごめ　かごの中の鳥は　いついつ出やる……うしろの正面だあれ

　このように自然な気持ちをことばにし，それを相手に歌いかけたのです。そして，歌いかけられた相手は，これに応えてきます。

- 「郵便屋さんの落とし物　拾ってあげましょ一枚二枚……」「ありがとさん」
- 「ひらいたひらいた」「何の花がひらいた」「蓮華の花がひらいた」
- 「うさぎうさぎ何見てはねる」「十五夜お月様見てはねる」
- 「あんたがたどこさ」「ひごさ」「ひごどこさ」「熊本さ」「熊本どこさ」

　これらは，遊びの集団全員が一緒に歌うものですが，二手に分かれて会話形式で掛け合うものもあります。

- 「トントントン」「何の音」「風の音」「あーあよかった」（あぶくたった）
- 「勝ってうれしい花いちもんめ」「負けてくやしい花いちもんめ」「となりのおばさんちょっときておくれ」「鬼が怖くて行かれません」「座布団かぶってちょっときておくれ」「座布団ボロボロ行かれません」
（花いちもんめ）

　民謡では「合いの手」や「囃子詞」が重要で，音頭取りのうたに対して一同が返す「合いの手」や「囃子詞」の歌い方が良ければ，音頭取りの声はますます元気になります。

- 「ヤーレンソーランソーランソーランソーランソーラン」「ハイハイ」「鰊きたかとカモメに問えば　わたしゃ立つ鳥波にきけチョイ」「ヤサエーエンヤーサーアノドッコイショ　ハアドッコイショドッコイショ」

　このような会話の形の究極はうたの掛け合いです。盆踊りなどでは，踊りの高揚の中でうたはしばしば掛け合いに発展しました。例えば宮崎隆氏は，盆踊り唄「さんさ踊り」について，次のような掛け合いの様子を紹介しています。

　　　現行の踊りには「歌がけ」と呼ぶ専門の歌い手（多くは年配の女性）

二，三人が踊りの輪の外に立って歌う形式であるが，もとは踊り手が輪の一方から歌を掛け，他の一方がこれを受けて歌い返す掛け合いの方法が行われていた。歌がけは例えば，「さても良い声だお前さんの声よ，銀でのべたかとろとろと」と歌えば，他の一方がこれに応えて，「わしの声とて銀ではのべぬ，親の代からゆずり声」と関連させて歌う。(中略)
　一人が「踊り見に来たか　立ち見に来たか　ここは立ち見の場所じゃない」と掛ければ「踊り踊らぬ私じゃないが　腹に大事な子がござる」などと歌い返したわけです。

　さらに宮崎氏は，「少し心得があれば即興歌も生まれる道理である」(宮崎，1964，pp.115-116)と付け加えます。こうした掛け合いと即興性も重要な点です。
　このようにうたうという行為を考える場合，一方通行ではなく双方向的な性格もきわめて重要でした。しかし，現代の音楽教育は必ずしもこのことを強く意識していません。これはとても残念なことだと思います。「会話の方法」としてのうたは，古事記や日本書紀にもみられ，日本人の自然な歌唱行動であるとともに，民謡や民俗芸能などに見られるような豊かな音楽文化を生み出す土壌となってきました。また，この双方向性は，うたの世界のみならず，和歌や俳句，連歌などをはじめ，日本人の文化創造の根幹をなしてきたのです。テレビのお笑い系の芸人が二人でやりとりする様子の中にも，たくさんの事例を見ることができます。
　こうした行為を「歌う」という側面から見た場合，その中核となるのが「掛け合い歌」です。「掛け合い歌」は，通常二人または複数人で交互に掛け合うコミュニケーションです。先に見たように，日本では，盆踊りや宴（うたげ）をはじめ生活の中に色濃く残っていました。典型的な例として，奄美の「歌がけ」や秋田県横手市金澤八幡宮で行われる「伝統掛唄大会」などがあります。
　毎年9月14日，横手市金澤八幡宮で行われる「伝統掛唄大会」では，民謡仙北荷方節をもとに，そこに七七七五を基本とした歌詞を即興的につくり，掛け合います。以下は，2012（平成24）年の例です。

a　東京オリンピック決まったけれど　それまで元気でいられるか
　　b　来年やるなら嬉しいけれど　七年あとだば死んでしまう

　このようにして，自分の思いを即座にうたにして会話をする行為や能力の育成は，音楽教育から見るならば次の点で教育的な意義があると考えます。
① 自分のうたを歌う力
　自分自身のその時の思いをふしにのせて相手に歌い伝える力を養う。
② 「会話の方法」としての歌の価値
　歌の交換（交感）によるコミュニケーション力を回復する。
③ 「うたう」文化の本質の継承
　「掛け合う」という行為や形が，日本人のうたの想像力，文化の創造力（即興性，変容，交換，型の模倣と想像等）の根本的な部分と深く結びついている。
　この際，自分の思いを伝える「ことば」が重要な位置にあることはいうまでもありません。
　昨今，日本の伝統性に根ざした音楽の学習が注目を浴びてきています。伝統的な楽器や音楽作品に目を向けることはもちろん大切ですが，例えばこのように「うた」がことばと深く関係しながら創出される道筋に光を当て，その様相を明らかにするとともに，確かな力として次世代に伝えることも音楽教育の重要な任務ではないかと考えます。伝統性に根ざした音楽を教えるということは，「見える部分（例えば楽曲や楽器そのもの）」に加えて，「見えない部分（例えば日本の人々が培ってきた音楽の感じ方や創出法）」を教えるということに他なりません。
　このように，日本語を母語として生活している人にとって，伝統音楽はきわめて身近な存在にあるのです。したがって日本語で話している日々の生活は，伝統音楽への扉が常に解放されているといっていいでしょう。教師の仕事は，この事実に気づき，子どもたちと伝統的な音の世界とをつなげ，未来に向かってはばたく文化の創造力を培うことだと思うのです。

6　フォークを箸に持ち替えて（方法論）

　それでは，日本語を生かして授業をするにはどうしたらいいのでしょうか。
　その方法論を一言で言うならば，まずは「フォークを箸に持ち替える」ことです。その意味と理由をお話します。

　突然お料理の話になりますが，やはり日本料理は，フォークではなくお箸でいただくとおいしいですよね。例えば日本蕎麦を食べるときフォークを使うとなんだか味気ない。ごく当たり前のことです。でも，これまで学校の授業では，どのような音楽でもフォークやナイフあるいは先割れスプーンを使って味わおうとしてきました。ここでいうフォークやナイフというのは，音楽に相対したときの，「リズムは？」「メロディーは？」「ハーモニーは？」というような西洋的な音楽の見方や考え方のことです。よくよく考えてみれば不自然ですね。普通日本料理はお箸を使い，西洋料理は，ナイフやフォークを使うのに，日本の伝統音楽もすべて西洋流の方法で理解しようとする（もちろん，ここで言う箸やフォークは，「例え」です。また，すべての日本料理がお箸を使い，すべての西洋料理がフォークを使うと言っているのではありません）。でも，これは仕方がないことかもしれません。これまで，義務教育，高校，そして教員養成大学等を通して，音楽は「ドレミ」を中心に

	ナイフ，フォーク （先割れスプーン）	お箸
さくらさくら	ラーラーシー○ ラーラーシー○	ツンツンテン（イヤ） ツンツンテン（イヤ）
六段の調	ミーーシーラー○	テーートンシャン（イヤ）
和太鼓	タンタンタタタ タタンタタンタン	ドンドンカカカ ドドンコドンドン

図1　音楽の味わい方・理解の仕方の違い

教えられ，西洋的な眼で見つめることを当たり前としてきたわけですから。しかし，いつまでも当たり前というわけにはいきません。

　ちなみにちょっと実験してみましょう。図1をご覧ください。「さくらさくら」を箏で弾くと想定します。冒頭部をまず，「ラーラーシー○ラーラーシー○」と歌ってみてください。それから次に「ツンツンテン（イヤ）ツンツンテン（イヤ）」と唱歌を唱えてみましょう。どうですか。全く感じ方が違いますね。後者の方が断然日本的です。同様に箏曲「六段の調」はどうでしょう。「ミーーシーラー○」（相対音高）と歌うのと「テーーントンシャン（イヤ）」と唱えるのでは，全く感じが違います。和太鼓にいたっては，いうまでもありませんね。「お箸を使う」というのは，こういうことです。

　それでは，お箸を使って日本の伝統音楽をおいしくいただくにはどうしたらいいのでしょう。「お箸」はどこにあるのでしょう。もうおわかりですね。その秘密とポイントも，やはり「日本語」です。

　先ほどからお話しているように，日本の伝統音楽は，いろいろな意味で日本語がもとになり，また，日本語を話している「声」を大切にして作られ，教えられているからです。伝統音楽の多くが，歌詞を伴ったものですし，楽器でさえ，「テントンシャン」「ドンドコドン」と楽器のことばを持ち，日本語で話しているのです。そう，日本の楽器は，みんな日本語を話しますし，日本語の響きを持っています。だって，日本の太鼓は，「ドンドコドン」って言いますよ。あなたにもそう聞こえるでしょ？「タンタカタン」じゃあないです。

「なになに？　日本語？　それだったら私は得意‼」
「子どもたちも大得意‼」

　そうでしょそうでしょ。だったら，もう授業ができますよ。なんたって，これまで外国のことばで「ドレミ」とか「カ～ロ　ミオ　ベン」とか「アイ　ビリーブ　イン　フューチャー」とかいって，しかも「五線譜」を使って音楽を教えたり教わったりしてきたのですから。それに比べたらねえ。気楽でしょ。フォークを箸に持ち替えるだけなんです。「良い意味」で気楽な気持ちになってください。

　それでは，「日本語を話す・聴く」といったことから発想を広げ，「日本料理はお箸でおいしく，日本の伝統音楽は日本語で楽しく」をモットーに，日本の音楽の学習につなげていく実践事例を紹介していきます。

第二章

体験型で楽しく学べる！伝統音楽の活動アイディア75 レッスン編

　ここでは，これまでの考え方を基にして，楽しく学ぶアイディアを紹介します。伝統的な感性に気付き，育てるレッスンと考えてください。もちろん，このアイディアを直接間接に応用し，授業につなげることもできます。

　全体は，「ことばと身体」を出発点として，「音楽になりたい声とことば」「ことばから音楽へ」「音楽になったことば」といったように，次第に音楽の世界に導くように構成されています。また後半では，物理的な音だけではなく，「内的に創られた音」や伝統を「今」とつなげることにも注目します。

　ところどころで，思考を促す問いを設定しました。体験しつつ考えてみてください。

　なお，必要に応じて［音源・映像①］のように，参照するとよい音源や資料を示しました。番号は，巻末の「音源・映像」資料一覧に対応しています。

1　ことばと身体

　世界には，じつにたくさんのことばがあります。当たり前ですが，それぞれすべてが異なります。そして，個々の特徴的な要素は，そのことばを話している人の身体性と密接につながるとともに，ことばの持つ特性はそれを発する人の身体を通して音楽的な装いとなって現れてきます。まずは，基本的なところとして日本語を話すことからあふれ出てくる音楽の〈はじめ〉を体感しましょう。

　日本語を母語とする人の身体には，どんな音楽性が潜んでいるのでしょうか。数を数える，ジャンケンをする，「どっこいしょ」といって座るなど……，なにげない日常生活における行為が伝統音楽の素となっています。

レッスン1　数えてみよう

・数の数え方は，いろいろあるね。紙はどう言って数えるかな。鳥は，犬はどうだろう。思いつくままあげてみよう。
・指で指すつもりで，声を出してゆっくり数を数えてみよう。みんなでやるといいね。「ひとー｜つ｜ふたー｜つ｜みーっ｜つ｜〜」，「いー｜ち｜にー｜い｜さー｜ん｜〜」，「いち｜まい｜にー｜まい｜さん｜まい」など……。
・この時，指先をことばと一緒にゆっくり上下させてみよう。どんな感じの動きになるだろうか。

レッスン2　ジャンケンで遊ぼう

・ジャンケンをして遊ぼう。かけ声もつけてやってみよう。ゆっくりと，少々おおげさにやるのがコツだ。「セー｜ノ！」「ジャン｜ケン｜ポン｜○」「アイ｜コデ｜ショ｜○」。
・さあ，あなたの手は，どんな動きをしたかな。

レッスン3　うんとこしょ　どっこいしょ

・「よっこら｜しょ」「どっこい｜しょ」などと言いながら，ゆっくりと椅子から立ったり座ったりしてみよう。
・次に，「おおきなかぶ」（A．トルストイ再話，内田莉莎子訳，1962）を読んで，みんなで力を合わせてかぶを抜いてみよう。「うんとこ｜しょ｜どっこい｜しょ」。さあ，みんなの身体は，どんな動きをしたかな。

レッスン4　拍の感じを生かして歌おう

・ここまでの三つのレッスンでは，おそらく同じような拍の感じが生まれただろう。手拍子を打って確認してみよう。拍は，｜ひとー｜つ｜ふたー｜つ｜，｜ジャン｜ケン｜ポン｜〇｜，｜よっ｜こら｜しょ｜〇｜，といったように区切られ，しかも二つ（二拍）でひとまとまりの単位をなしてくる。この二拍ひとまとまりを口で表すとき，しばしば「いち｜トー｜にぃ｜トー」と言って拍を刻む。この場合，二拍めから一拍めへのつながり，つまり「トーにぃ」では，「トー」で拍が伸び，「にぃ」で重いような感じがする。こうした拍の関係は，「表間・裏間」といった用語で表されたりもする。ちなみにこの表間・裏間の特性を生かして，手拍子をしてみよう。「揉み手」を生かして打つと拍の感じがつかめる。
・これで「ソーラン節」や「こきりこ節」を歌ってみよう。あらあら曲にぴったりだ。

レッスン5　ウエ　シタ

・ゆっくりと「ウエ」「シタ」と言ってみよう。その際,「ウエ」の時は,意識と視線を前方から天に,「シタ」の時は地に向けてみよう。頭部の動きは,どのようになるだろうか。
・これと同様なことを「Up, Down」でもやってみよう。「Up」の時は,意識と視線が上方に発射される感じ,「Down」の時は,下方に発射される感じで。
・二つの行為の感覚の違いを話し合ってみよう。これは,黒川伊保子氏が著書『日本語はなぜ美しいのか』で例示している内容の実践だ。氏はこの発音体感の違いを「西洋のダンスと東洋の舞の違いでもある」(黒川,2007, p.81)と述べているが,日本語と身体の結びつきの好例と言える。

レッスン6　一本締め

・クラス全員で,一本締めをしよう。「お手を拝借!」,「イヨーッ　ポン」。いろんな人が音頭取りになるといいね。音頭取りになった人は,呼吸が合うように,うまく「かけ声」を掛けてね。
・「イヨーッ」と「ポン」の間隔をいろいろと工夫してみよう。さて,どんな「間」が生まれるだろうか。
・どうすると,うまくいくだろう。失敗する時は,どんな時だろう。
・ついでに,三本締めもしよう。「かけ声」をしっかりね。

レッスン7　点呼

- 出席をとろう。まず，先生がみんなの名前を呼ぶ。「△△さーん」「はーい」，「△△さーん」「はーい」……。リズミカルにやるのがコツ。なんとなく「間」が出てくるね。
- 最初は，同じ間隔で呼んでいこう。慣れたら呼ばれた人はフェイントをかけてみよう。例えば，「は ─ い」と長く答えたり，逆に「はい」と短く言ってみたり，あるいは，速度を速めて呼んだりしてみよう。いろんな「間」ができるはずだ。良い「間」を生むには阿吽(あうん)の呼吸が必要になる。
- リーダーを交代して楽しもう。

レッスン8　拍子木で点呼

・拍子木を用意する。手に入らない時は，よく乾き叩くと響く木片でいいだろう。
・これで出席をとろう。例えば，次のように，拍子木を「チョン」と入れて，「間」を楽しもう。
「出席をとります」（チョン）「△△さーん」「はーい」（チョン）「△△さーん」「はーい」（チョン）……。
・大相撲の土俵入りを見てみよう。力士名，出身地，所属部屋の名前がアナウンスされる。そして，拍子木が次のように「チョン」と入る。
高見盛（チョン），青森県出身，東関部屋（チョン），北勝力（チョン），栃木県出身（チョン），八角部屋（チョン），……。

2 音楽になりたい声とことば

1 その声はどんな色？

　人はそれぞれ世界に一つしかない「自分の声」を持っています。この声は，かけがえのない声です。まずは「あ」でも「お」でも，「おはよう」でもいいです。何でもいいですから声に出してみましょう。その人だけのすてきな声の響きが生まれます。日本の伝統的な音楽では，この声，つまり自分の持っている声，日本語で話す声をそのまま生かして音楽にしていくのが，基本的な考え方です。

　声色というのは，声の音色のことですが，「特に役者などのせりふまわしの音色・くせ」を意味します。歌舞伎役者などを思い起こしていただけばおわかりだと思いますが，それぞれの役者は独特の声の音色を持っており，それをもとにした言い回しが大きな魅力となっています。声色遣とは，こうした役者のせりふを真似る人のことを指し，またの名を音色屋とも言います。日本の声の表現においては，「音の色」というものがきわめて重視されているのです。

レッスン9　あなたの声はどんな色？

・二人一組になって会話をしよう。なんでもいい，「今朝，何食べてきた？」とか……。
・相手の声を意識して聞き，声の印象を伝えよう。「暖かい」「のんびりした感じ」「甘えん坊」などなど。「さくら色」とか「桃色」とか，色の名前もいいね。

レッスン10　友達の声は，どんな色？　その1

- 友達の声は，どんな音色だろう。声当てゲームをしよう。
- 円になって内側を向き，決まったことばを回そう。例えば，「こんにちは」はどうだろう。友達の声はいろいろだね。
- 次に，二つのグループに分かれて，互いに後ろ向きになろう。一つのグループの中の誰かが声を出そう。もう一つのグループの人は，それが誰の声だか当てよう。さあ，友達の声を当てることができるかな。それぞれの人の話し声には，いろんな特徴があるね。

レッスン11　友達の声は，どんな色？　その2

- 全員が一度に話す中で，友達の声を当てよう。
- グループを二つに分け，お互いに背を向ける。一つのグループは聞き役，もう一つのグループは話し役だ。話し役のグループの中から，一人だけ選ぼう。仮に「あゆみさん」とする。話し役の人たちが好きなことを話しはじめる。その中であゆみさんが時々話に加わっていく。聞き役の人たちは，あゆみさんの声が聞こえた瞬間に手をあげよう。さあ，聞き役の人たちは，あゆみさんの声を当てることができるかな？　「あゆみさん」と「めぐみさん」の二人になったら，もっと難しくなるね。

レッスン12　友達の声は，どんな色？　その3

- レッスン11を発展させてみよう。グループの声の音色も区別できるだろうか。クラスの声が集まるとどんな声の音色になるだろう。
- 国語の教科書からみんなで読むとよさそうな作品をさがそう。一人で読むところ，グループで読むところ，クラス全員で読むところを決めよう。それぞれの声の音色を楽しみながら，群読をしよう。

レッスン13　声の表現の違いを楽しむ　その1

- 好きなアニメの登場人物を当てよう。
- 例えば，「ちびまるこちゃん」の友達に注目。まる子，はまじ，ブー太郎など。声を聞くだけでどれだけの友達がわかるかな。

レッスン14　声の表現の違いを楽しむ　その2

- 歌舞伎の役柄による声の音色の違いを聴き取ろう。例えば，「勧進帳」の義経，弁慶，四天王，富樫などの声の違いを楽しもう。
- どんな違いがあるだろうか。
- それぞれ，少しずつ真似てみよう。役割分担するのもいいね。[音源・映像⑤]

レッスン15　声の表現の違いを楽しむ　その3

- 歌舞伎「白浪五人男（青砥稿花紅彩画）稲瀬川勢揃いの場」，舞台に登場した五人の盗賊は一人一人台詞を連ねていく。この「つらねぜりふ」を聴こう。五人の盗賊は悪事がばれて，追っ手に追われているにもかかわらず，実に堂々とした登場だ。
- 盗賊の役を分担して，真似てみよう。ちなみに，五人の盗賊は，次のような人たちだ。

日本駄右衛門：盗賊の首領

弁天小僧菊之助：女装が得意の美青年

忠信利平：東西に神出鬼没

赤星十三郎：美少年で元は小姓

南郷力丸：元は漁師の船強盗

・それぞれどんな声の特徴があるだろうか。[音源・映像⑥]

弁天：雪の下から山越に、まずここまでは落ちのびたが、

忠信：行く先つまる春の夜の、鐘も七つか六浦川、

赤星：世明けぬうちに飛石の、洲崎を放れ舟に乗り、

南郷：故郷を後に三浦から、岬の沖を乗りまわせば、

駄右衛門：陸と違って波の上、人目にかかる気遣いなし、

弁天：然し六浦の川端まで、乗切る暇は遠州灘、

忠信：油断のならぬ山風に、追風か追っ手の早風に遭わば、

赤星：艣櫂にあらぬ一腰の、その梶柄の折れるまで、

南郷：腕前みせて切り散らし、叶わぬ時は命綱、

駄右衛門：碇も切って五人共、帆綱の縄に、

五人：かかろうか。

(日本伝統音楽芸能研究会編, 1988をもとに作成)

2 ことばの響きを体感

　日本語を話している人の声って独特ですね。例えば，今日本語を話していた人が，流ちょうに英語を話し出したとたん，響きが違って聞こえるといった経験をしたことはないでしょうか。以前，中国に行った時のことです。空港や電車やバスの中の中国語の響きが，日本語のそれとは全く違いました。「ああ，ここは日本ではない」と実感したわけです。日本語で発すると，そこには日本語特有の「響き」や「抑揚」，「間」が生まれます。そしてそれは「伝統的な声」そのものなのです。

❶ 日本語の発音体感

レッスン16　個々の音(おん)を楽しもう

・「アイウエオ」の五十音，それぞれの行や音で響きが違う。まずグループに分かれ，行ごとに「カ」行のグループ，「パ」行のグループ，「サ」行のグループなどお気に入りの行を決めよう。
・各自自分の「音」を一つだけ決め，イメージを明確にし，適当な間をおいて繰り返し言ってみよう。例えば，「カ」を選んだ人は，「カ〇カ〇カ〇カ〇」，「キ」を選んだ人は，「キキ〇キキ〇キキ〇」のように……。これをグループごとに発してみよう。一人一人速度や間，音の高さを違えるとおもしろい。「カ」とか「キ」とか「ク」は，それ自体，固いイメージを持っているね。「サ，シ，ス，セ」は，摩擦音で，風を感じさせる音だ。子音を強調すると特徴が出るだろう。それぞれのグループからどんな響きが生まれるだろうか。
・グループの発表順や強弱を変えたりして，ことばの響きを楽しもう。
・指揮者を決め，それぞれのグループを即興的に組み合わせて，音楽に構成してみよう。例えば次のように。
　「カ」行グループ→「サ」行グループ→「パ」行グループ→「カ」行グル

ープと「サ」行グループの同時進行→「サ」行グループ→次第に消えていき，音が消えてから五秒程度静寂を聴く……。

レッスン17　擬音語，擬態語で遊ぼう　その1

・例えば，鳥，風，水，雪，雷，動物はどんな響きで表現できるだろうか。「チュンチュン」「ヒューン」「サラサラ」「シンシン」「ゴロゴロ」……。自分の感じたまま言ってみよう。
・円になって順番に紹介し合おう。情景が浮かぶように，感じを出して表現しよう。

レッスン18　擬音語，擬態語で遊ぼう　その2

・気分や情景は，どんな音で表されるだろう。胸が「キュン」，落ち込んで「シュン」，など。
・春夏秋冬の音はどうだろう。ポカポカ，ザップーン，ミーンミンミン，しんしん，など。
・春夏秋冬のグループになって，思いつく音をことばに出してみよう。それぞれのグループの響きの違いを聴いてみよう。

レッスン19　擬音語，擬態語で遊ぼう　その3

・春の音（ポカポカ，サラサラ，スクスク，ニョキニョキ，パッ，など）を考えよう。
・それぞれの響きを生かし，「反復」「呼びかけとこたえ」「変化」「音楽の縦と横との関係」などを利用して，音楽に構成してみよう。

レッスン20　擬音語，擬態語で遊ぼう　その4

・「おと」いけしずこ（工藤直子，1984）の詩を読んでみよう。いろんな音が聞こえてくる。

> おと　　いけしずこ
>
> ぽちゃん　ぽちょん
> ちゅぴ　じゃぶ
> ざぶん　ばしゃ
> ぴち　ちょん
> ざざ　だぶ
> ぱしゅ　ぽく
> たぷん　ぽしょ
> ぽつ　どぼん・・・
>
> わたしは
> いろんな　おとがする
>
> （工藤直子『のはらのうた』童話屋）

・音を一つずつ分担してみよう。それぞれの音は，もっと多彩になる。
・二人一組になって，一行ずつ担当しよう。「呼びかけとこたえ」のようにして，会話をしてみよう。
・それぞれのグループの音を重ねて，音楽に構成してみよう。

レッスン21　響きを楽しもう

・日本語の響きを大切にした作品はたくさんある。
　の　の　とり　の　には　の　をざさ　に　かよひ　きて
　あさる　あのと　の　かそけく　も　ある　か　（秋艸道人：會津八一）
　（野の鳥が，庭の笹のところにかよってきて，えさを漁（あさ）っている。その音のなんとかすかなことか）
　わがやどの　いささ群竹（むらたけ）　吹く風の
　音のかそけき　この夕べかも　（万葉集：大伴家持）
　（我が家に群れて生えている小さな竹にそよぐ風，その風音がかすかに聞こえるこの夕暮れよ）
・何度も声に出してみよう。特に「かそけく」「かそけき」のカ行音，サ行音の響きを感じ取って。

レッスン22　能の囃子を聴こう　唱えよう

- 能では，小鼓の打音のことを粒（つぶ）という。能の囃子では，この粒を「ポ」「プ」「タ」「チ」などの区別をつけて唱えてきた。
- 「松虫」（一調）の小鼓の粒を唱えてみよう。
- どんな音楽か聴いてみよう。［音源・映像⑧］

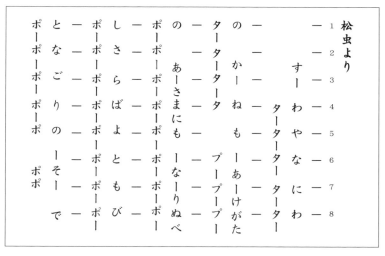

（横道・蒲生，1978「口唱歌大系」をもとに作成）

❷ 集団の響き

レッスン23　みんなでおしゃべり　その1
- クラス全員でおしゃべりしよう，もちろん日本語で。どんな響きが生まれるだろうか。
- 二つのグループに分かれて，聴き合おう。
- 英語の教科書を使って英語でもやってみよう。どこが違うだろう。

レッスン24　みんなでおしゃべり　その2
- クラス全員で，毎日よく使うことばを言ってみよう。例えば，日常的な声の響き「いただきます」「おはようございます」など……。
- これを一音ずつゆっくりはっきり，幼児のように言ってみよう。「オーハーヨーオーゴーザーイーマース」。
- クラス全員で般若心経を唱えてみよう。あれれ，どこか似てるね。「カン｜ジー｜ザイ｜ボー｜サツ｜ギョー｜ジン｜ハン｜ニャー｜ハー｜ラー｜ミッ｜ター｜ジー」(観自在菩薩　行深般若波羅蜜多時)。

レッスン25　声明を聴こう
- 真言宗豊山派声明の大般若経転読（ダイハンニャハラミタキョーカンダイイチトーサンゾーホツシゲンジョーブジョーヤク：大般若波羅蜜多経巻第一唐三蔵法師玄奘奉詔訳）を聴こう。[音源・映像③]
- 大音声で繰り返してみよう。

レッスン26　地謡を真似よう

- 地謡を真似てみよう。例えば，能「羽衣」のキリ「東遊びの数々に，その名も月の色人は」の部分など。
- 本物を聴きながら真似ることを繰り返してみよう。［音源・映像⑮］

羽衣キリより

				拍
い	ー	、	ー	ー 1
イ	ー	そ	ー	ー 2
		の	か	あ
ろ	（ウキ）	オ（ウキ）	ーア	ーア 3
		な	ず	づウ 4 （ウキ）
び		も	か	ま 5
イ	（ヲサエ）	オ（ヲサエ）		
と		つ	ーア	あア 6 （ヲサエ）
		き	ー	そ 7
は		の	に	び 8

＊横線は，拍を示す。（ウキ）では，音を浮かせる感じ（音高も長二度程上がる）。（ヲサエ）では，音を抑える感じ（音高も長二度程下がる）。

❸ ことばの表現法

レッスン27　今の気分はどんな声

- 喜怒哀楽をことばで表現しよう。例えば「今日はカレーだ」は，どんなふうになるだろう。うれしい気持ち，残念な気持ち，怒っている気持ち……，輪になって回そう。
- 友達の前で発表しよう。自分の気分を相手に伝えられるかな。聞いた人は，友達がどんな気分を伝えたいか当ててみよう。
- 次第に，複雑な気分を表現しよう。例えば大好きなカレーだけれど，その中に大嫌いなものが入っている時の「今日はカレーだ」って，どういうふうに言うか。

レッスン28　私は誰でしょう

- 「今日はカレーだ」を言い分けてみよう。
- 子ども，おじいさん，おばあさん，女性，男性，悪役，殿様など，それぞれどんな表現になるだろう。
- 友達はどんな人を表現しているのか当ててみよう。

レッスン29　様式による声の表現　狂言

・狂言の声の表現を聴いてみよう。例えば，茂山千作（四世）を聴こう［音源・映像④］。太郎冠者，大名・山伏，女性，子ども，老人，喜んで笑う，悲しくて泣ける，怒って相手を叱る，など。
・それぞれの言い回しを真似てみよう。

レッスン30　様式による声の表現　歌舞伎

・歌舞伎の声の表現を聴いてみよう。例えば，片岡秀太郎（二代目）を聴こう［音源・映像④］。お局さん，町人，うれしい，悲しい，笑う，甘えるなど。
・それぞれの言い回しを真似てみよう。

レッスン31　様式による表現　義太夫節

・義太夫節の声の表現を聴いてみよう。例えば，竹本住大夫（七世）を聴こう。子役，若殿，壮年，若い男，悪役，お爺さん，お婆さん，など［音源・映像④］。
・それぞれの表現を真似てみよう。

レッスン32　様式による表現　様々

・その他声明，祝詞，アナウンサーなど，様々なジャンルの声の表現を聴こう。［音源・映像④］
・どんどん真似てみよう。誰が一番似ているかな。

3 ことばから音楽へ

　いろいろやってみると，日本語ってとっても「音楽的」ですね。何かちょっと刺激するといつでも音楽になってふわっと飛び立ってしまいそう。ことばの中に音楽のエネルギーが充満しているのです。ということは，日本語を話しているあなたの中にも伝統的な要素がいっぱい詰まっているということ。さあ今こそ，あなた自身と日本語に音楽の翼を付ける時！

1 個々の響きを音楽へ

レッスン33　地域の祭り囃子を聴こう

・地域の祭り囃子を聴いてみよう。教科書に出てくるお囃子でもいいね。
・どんな楽器が使われているかな。
・大太鼓や締め太鼓，鉦（かね）や笛が聞こえるね。それぞれどんなふうに聞こえるかな。「ドンドコドン」「テンツクテン」「チャンチキチン」など，聞こえたまま唱えてみよう。
・それぞれのパートを合わせてみると，何と驚き，祭り囃子が再現できるね。

レッスン34　唱歌でつくろう　その１

- 大太鼓や締太鼓，鉦の唱歌をつくってみよう。例えば，大太鼓担当の人は，「ドドンコドンドンドンドンドン◯」（8拍）と繰り返し言ってみる。鉦の人は，「チャンチキチン」（3拍）と繰り返す。8拍と3拍のように違う拍のまとまりでもかまわないよ。
- それらをつなげたり，重ねたりして唱えてみよう。8拍と3拍でつなげる時は，8＋3で11拍の音楽になるね。重ねる時は，どうだろう。ちょっと複雑でおもしろい。
- これに「テンテンテンツクテン」（5拍）と締太鼓が入ったらどうなるだろうか。

レッスン35　唱歌でつくろう　その２

- 身近にあるもの，例えば茶碗，鍋，フライパンなどの音を想像してことばのリズムで表そう。それぞれユニークな音がするね。
- それらをつなげたり重ねたりして音楽にしてみよう。

レッスン36　唱歌で歌ってみよう

・箏曲「六段の調」の冒頭の演奏を聞き，その後唱歌で歌ってみよう。

・唱歌の発音は，だいたいの規則がある。音の高さは，「チ」「テ」「ツ」の順に相対的に低くなる。長めの音は「ン」をつけて，「チン」「テン」「ツン」となる。また，「シャ」「シャン」は，二音を同時に弾く。「コロリン」は，連続した三本の弦を上から順に弾く。日本語の発音と同じで転がるような感じだ。このことを考えつつ，箏が目の前にあると思って手を動かし，唱歌を歌いながら演奏の真似をしよう。

・唱歌で歌ったあとでもう一度本物を聴いてみよう。最初と聞こえ方が違うはずだ。何が違うのだろう。［音源・映像⑱］

六段の調　初段冒頭例（平調子）

五	テーン
ヒ◉	ーン
三	トン
一二	シャン
一	トン
五	テン
三	トン
一二	シャン
○	イヤ
三四、	シャシャ
八七	コーロ
六ォ七	リチ
一	トン
五	テン
三	トン
一二	シャン
九	チン
八七	テッ
八七	コーロ
六ォ七	リチ

2 ことばのリズムや抑揚

　日本語のことばの持つリズムや抑揚は，いろんな形となって現れている。表現によって様々な性格を持っているということだね。それらを楽しんでみよう。

レッスン37　ことばをつなげて遊ぼう

・グループで輪になり，好きな食べ物をあげ，つなげて言ってみよう。例えば「おもち，ばなな，くりおこわ，まめ」は，3＋3＋5＋2となっておもしろい。何度も続けて繰り返してみよう。楽しいことばのリズムが生まれてくる。これを太鼓で打ってもおもしろい。

レッスン38　七五調で遊ぼう

・次は，七五調のリズムだ。民謡の歌詞は，七音五音を基本としたものが多い。「こきりこ」「ソーラン節」「越天楽今様」などの歌詞をリズムにのって読み上げてみよう。
・歌舞伎「白浪五人男（青砥稿花紅彩画）稲瀬川勢揃いの場」から，五人の盗賊の首領，日本駄右衛門の台詞を読み上げよう。日本語のノリが良く分かる。［音源・映像⑥］

> 日本駄右衛門
> 問われて名乗るもおこがましいが生まれは遠州浜松在、十四の年から親に別れ、身の生業も白浪の沖を越した夜働き、盗みはすれど非道はせず、人に情けを掛川から、金谷を掛けて宿々で、義賊と噂高札に廻る配符のたらい越し、危ねえその身の境涯も、最早四十に人間の定めは僅か五十年、六十余州に隠れのねえ、賊徒の張本日本駄右衛門

レッスン39　抑揚を生かして

・歌舞伎「勧進帳」から，富樫の口上を真似て表現しよう。抑揚をどのように生かしているだろうか。

　　富樫の口上：斯様(かよう)に候(そうろ)う者(もの)は，加賀(かが)の国(くに)の住人(じゅうにん)，富樫左衛門(とがしさえもん)にて候(そうろう)。

・「勧進帳」の富樫と弁慶のやりとりのせりふを真似て，即興的に会話してみよう。

　　「勧進帳」
　　弁慶：何と，勧進帳(かんじんちょう)を読(よ)めと仰(おお)せ候(そうろう)な　　富樫：如何(いか)にも
　　「即興的な会話の例」
　　子ども：何と，宿題をやれと仰せ候な　　先生：いか〜に〜〜も

・歌舞伎「勧進帳」から，富樫の口上，弁慶の勧進帳の読み上げ，富樫と弁慶のやりとりを聴こう。［音源・映像⑤］

レッスン40　抑揚や間を工夫してリズミカルに

・映画「男はつらいよ」の寅さんの自己紹介（15ページ）を真似てみよう。抑揚が巧みに生かされているね。
・「バナナの叩き売り」「がまの油売り」「呼び込み」などを聴き，それを真似て，自分の売りたい物や薦めたいことをリズミカルに表現してみよう。
・教室をたくさんの物売りの場にして，個々に表現してみよう。聞こえてくる音の世界をどのように構成したらいいだろうか。例えば，それぞれのお店は，教室のどこに配置したらいいだろうか。物売りは，いつ声を出すのだろう。買い物をする人が近寄った時かな？　それとも？［音源・映像⑬⑳］

レッスン41　自己紹介をしよう

・日本駄右衛門のせりふ（50ページ）を真似て，自己紹介文をつくってリズミカルに表現しよう。「問われて名乗るもおこがましいが生まれは△△△△，△△の年から△△△△〜」。［音源・映像⑰］

4　音楽になったことば

　ことばはついに音楽そのもの。音楽になったことばを表現しよう。ことばはいったいどんな音楽的な特徴を身に付けているのだろうか。

1　時間のとらえ

❶　拍，拍のまとまり，拍の伸縮

レッスン42　拍をつかまえる

・わらべうた「どれにしようかな」や「おてらのおしょうさん」で遊ぼう。「おちゃらか」や「ずいずいずっころばし」もやってみよう。それぞれ遊びながら手の動きを見るとわかるね。一拍が連続している。それらはどんな拍にまとめられるだろうか。拍感やリズム感はどうだろう。同じ問題意識で，「セーノ」「ヨイショ」「ドッコイショ」「ジャンケンポン」をしてみよう。今度は，二つの拍のまとまりに感じられる。民謡「こきりこ節」ではどうだろうか。［音源・映像⑫］

レッスン43　足し算の拍子1

・わらべうた「あんたがたどこさ」を歌おう。これはいったいどんな拍のまとまりになっているだろうか？

> あんたがたどこさ（4）ひごさ（2）ひごどこさ（3）
> くまもとさ（3）くまもとどこさ（4）せんばさ（2）
> せんばやまにはたぬきがおってさ（8）
> それをりょうしがてっぽでうってさ（8）
> にてさ（2）やいてさ（2）くってさ（2）

レッスン44　足し算の拍子2

・箏曲「六段の調」の冒頭部分の唱歌「テーーントンシャン（イヤ）シャシャコーロリチトン　テントンシャン（イヤ）」を覚えよう（49ページ）。この唱歌は，どのようにできているのだろうか。そう，拍が付加されているね。「あんたがたどこさ」と関連させて拍のまとまりを数えよう。

・「テン」「トン」「シャン」「シャ」「コロリン」「チ」の組み合わせだけでも，いろんな新しいふしが誕生する。例えば「テン」は「テンテンテン」「テーン」「テーーン」など。あるいは，「コロリン」は「コーロリン」「コロリン」など，それらの唱歌を組み合わせて箏の曲をつくって演奏してみよう。

レッスン45　八拍のまとまり

・能「船弁慶」の子方の「その時義経　少しも騒がず」から地謡の「言葉を交わし」までを声に出して語ってゆっくり読んでみよう。次に，一拍に一音ずつはめ込んで読んでみよう。

・子方：その時義経　少しも騒がず
　地謡：その時義経　少しも騒がず
　　　　打物抜き持ち　現在の人に
　　　　向ふが如く　言葉を交はし
　　　　戦ひ給へば　弁慶押し隔て
　　　　打物業にて　叶ふまじと

　注　筆者により、ルビは現代仮名
　　　遣いにしている。

										拍
て	て						ち	ず	ね	1
か	う	べ	た	こ	む	う	う	す	そ	2
	ち	ん	た	と	こ	つ	ち	こ	の	3
の	も	け	か	ば	お	つ	も	し	と	4
お	の	い	い	を	が	の	の	も	き	5
ま	わ		か	ご	ひ	ぬ	さ	よ		6
		お	た							
じ			わ	と	と	き	わ	し		7
		し	ま							
と		へ	え	し	く	に	も	が	つ	8
		だ	ば							

- それぞれのことばのまとまりを謡の「八ツ拍子」の8拍にうまく入れるには、どうしたらいいだろうか。「戦い給へば」からグループごとに予想しながらつくって発表しよう。
- 自分たちのつくったものと「本物」を比べてみよう。何が違うのだろう。「本物」のすばらしさがわかるね。[音源・映像①㉕]

レッスン46　拍の伸び縮み

・雅楽「越天楽」の吹物(ふきもの)や打物(うちもの)の唱歌を唱えながら聴こう。拍はどのように伸び縮みするだろうか。［音源・映像⑯⑲］［56ページ譜］

レッスン47　拍の扱い

・カラオケの演歌の伴奏で，拍にピッタリ合う歌い方と拍を微妙にずらす歌い方をして比べてみよう。どの程度，どのようにずらすと演歌らしいだろうか。例えば，「悲しい酒」（美空ひばり），「おふくろさん」（森進一）など。カラオケがない場合は，手で拍を規則的に打って，それに歌をのせるといい。

・「悲しい酒」（美空ひばり），「おふくろさん」（森進一）などを聴いて，演歌の拍の扱い方を楽しもう。

例

「悲しい酒」（石本美由起 作詞／古賀政男 作曲）

拍に合う歌い方	｜ひぃー｜とーり｜さかば｜でーー｜
基本の拍	｜●●●｜●●●｜●●●｜●●●｜
拍とずらす歌い方	｜・ひぃー｜・とーり｜○さかばー｜・でーー｜

「おふくろさん」（川内康範 作詞／猪俣公章 作曲）

拍に合う歌い方	｜おふくろ｜さんよー｜おふくろ｜さん●｜
基本の拍	｜● ●｜● ●｜● ●｜● ●｜
拍とずらす歌い方	｜・おふくゥろ｜さんよー　｜・おふくゥろ｜さん　ー｜

越天樂（打物と篳篥の唱歌）

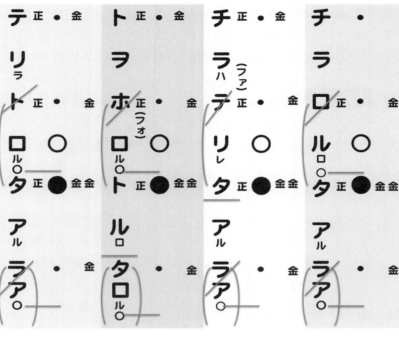

[譜について]
・●と⦿は、四拍のまとまりです。一、二、三、四と数えてください。
・楽座（胡座のこと）になり、右手で、膝を一、二、三、四は、脇から打って拍を取ります。
・／と―は、息継ぎです。／は、一、三拍目、―は、二、四拍目で息を継ぎます。／のあとは、母音を歌います。例えば冒頭は、「チーラーロ／ヲルロ」となります。「ハ」は「ファ」、「ホ」は「フォ」と発音します。
・大きな○と●では、太鼓を打ちます。○は、左手で鼓面の左下を弱く図（ズン）、●は、右手で鼓面の真ん中を強く百（ドー）と打ちます。（）は、鞨鼓です。〈は、片来で、左手で、トントントン……と打ち、（）は、諸来で、両手で交互にトロトロトロ……と打ちます。「正」は、右手で一打し ます。
・「金」は、鉦鼓です。右側に書かれている場合は右手、左側に書かれている場合は左手で摺るように「チン」と打ちます。二つ並んでいる場合は、左―右と素早く摺るように「チチン」と打ちます。

❷ 間をとる

レッスン48　間をつかむ

- 日常的な動きから生まれる「間」を体験しよう。出席をとる時，ジャンケンをする時，重い物を集団で「セーノ」と持つ時など。人数や物の重さ，あるいはその時の感情によって，どんな「間」が生まれるだろう。

レッスン49　間の性格

- 一本締めをしてみよう。どうすると全員の「間」が合うだろうか。ポイントは呼吸だ。
- 「さくらさくら」を箏の唱歌で唱えてみよう。どんな間が生まれるだろうか。
- こうした日本的な間を取り除いて，西洋的なやり方（例えば，指揮をして階名で歌う）でも歌ってみよう。何が違うだろう。二つを比べると，日本的な間が見えてくるね。

日本古謡　さくらさくら　平調子（ひらぢょうし）

- 唱歌（しょうが）を覚えて弾いてみよう。
- 歌いながら弾いてみよう。

4	3	2	1
ッ七ン	ッ七ン　か—	ッ七ン　さ—	ッ七ン　の—
ッ七ン	テ八ン　す—	テ八ン　や—	ッ七ン
テ八ン　ら—	チ九ン　み—	チ九ン　ま—	テ八ン
イ○ヤ　・	テ八ン　か—	テ八ン　も—	イ○ヤ
ッ七ン　さ—	ッ七ン　く—	ッ七ン　さ—	ッ七ン
コ八ロ七　も—	コ八ロ七　と—	ッ七ン　く—	ッ七ン
リ六ン　か—	リ六ン　も—	テ八ン　ら—	テ八ン
イ○ヤ	イ○ヤ	イ○ヤ	

4	3	2	1
ッ七ン　さ—	テ五ン　み—	テ五ン　あ—	ッ五ン　は—
ッ七ン　く—	ッ四ン　わ—	ッ四ン　さ—	テ六ン　な—
テ八ン　ら—	テ五ン　た—	テ五ン　ひ—	コ八ロ七　ざ—
イ○ヤ	チ六ン　す—	チ六ン　に—	リ六ン　か—
ッ七ン　さ—	テ五ン　か—	テ五ン　に—	テ五ン　り—
ッ七ン　く—	コ五ロ四　ぎ—	コ五ロ四　お—	｜●｜
テ八ン　ら—	リ三ン　り—	リ三ン　う—	｜●｜ン
イ○ヤ	イ○ヤ	イ○ヤ	○

> レッスン50　国語教材にも「間」がいっぱい

・国語教材は，日本の音楽でいっぱい。例えば，みんなで「おおきなかぶ」（A．トルストイ再話，内田莉莎子訳，1962）を表現しよう。「うんとこしょ（間）どっこいしょ（間）それでもかぶはぬけません」。その他にも，国語の教科書から日本的な「間」を感じられるものを見つけてみよう。

> レッスン51　間でつくる

・花火，風鈴，虫の声，鹿威し，鐘の音などを聴こう。どのような「間」を感じるだろう。
・「間」を生かした音の世界をオノマトペでつくってみよう。例えば，花火，風鈴，虫の声，鹿威し，鐘の音など。それらを組み合わせて，「間」を生かした音の世界をつくりだしてみよう。しっかりと「間」を感じて，聴いて……。「間」がもたない，「間」が悪い人がいないように。

❸　ノリ

> レッスン52　ノリの良さとは

・長唄「勧進帳」の「寄せの合方」を，三味線を聴きながら唱歌で唱えよう［59ページ譜］。速度の変化はどのようになっているだろうか。切迫感や最後の落ち着く感じを楽しもう。［音源・映像⑤⑲］

月の都をたち出でて

小鼓	△
かけ声	ツヨイヤヲォ
大鼓	△

[譜について]
- この譜は、長唄「勧進帳」の「寄せの合方」の三味線と打ち物の唱歌を書き出したものです。
- 唱歌は、流派や個人によって、言い方が幾つかあることがあります。
- 三味線は、縦にそのまま「チンチンチンチン〜」と読みます。
- 打ち物とかけ声は、大鼓、かけ声、小鼓を全てまとめて縦に読みます。例えば、冒頭は「チョチョタンベンタンポンヨーン」となります。
- 打ち物とかけ声が重なる時は、かけ声を優先させて打ち物の唱歌を書かず記号（小鼓のカンはヤ、大鼓は△）で示してあります。
- 音源や映像を見聞きしながら、唱歌を言ったり唱歌をうたったりしてみましょう。
- 唱歌のそれぞれの音と聞こえてくる音との関係に注目して聴いて見ましょう。

第二章 体験型で楽しく学べる！伝統音楽の活動アイディア75 レッスン編　59

2 ふしのとらえ

❶ 息でうたう

レッスン53　息のリズム

・「おーい」「おかあさーん」「舟が出るぞー」など，できるだけ長い息で，遠くの人に呼びかけてみよう。
・「竿竹屋」（たーけやーさおだけー），「金魚売り」（きんぎょーエーきんぎょー），「焼き芋売り」（いーしやーきぃーいもー）などの声を一息で言ってみよう。
・相撲の呼び出しを真似よう。
・尺八曲「鹿の遠音」の冒頭を唱歌（ツレーレーロー）で唱えてみよう。
・神楽歌「阿知女作法」冒頭（阿知女，於，於，於，於）をうたおう。[音源・映像⑭]
・警蹕を体験しよう。警蹕とは，貴人や神様が移動する時に周囲の霊や人を鎮めるために出す声や音のことだ。各自自分の声の低い音から「オー」と言いながらしだいに音高を上昇させ，下げてくる。数人でやってみよう。弧をえがくような旋律線の固まりが生まれる。[音源・映像③]

レッスン54　売り声をつくる

・物売りの声を真似て，自分の好きな物売りの声をつくろう。順番に発表しよう。教室をいろんなお店の空間にしよう，「抑揚や間を工夫してリズミカルに」（51ページ）でつくった物売りの声も入れ，声の出す順番や重ね方などを工夫して，物売りの声の音楽をつくってみよう。

レッスン55　息のリズムを聴き取る，感じ取る

・声明（唄），相撲の呼び出し，追分，神楽歌「阿知女作法（あじめのさほう）」，尺八曲「鹿の遠音」などを息の使い方に注意して聴いてみよう。息はどのようにコントロールされているだろうか。身体の使い方や呼吸の仕方，旋律線の変化や勢いなどに気をつけて聴いてみよう。[音源・映像③]

❷　ふしを飾る

レッスン56　小節（こぶし）・塩梅（あんばい）をつかむ

・「こきりこ節」を小節をつけずに歌ってみよう。最初は，五線譜を使ってその通りに歌おう。その後，CDなどを聴きながら小節をつけてみよう。他の民謡でもやってみよう。
・塩梅とは，篳篥の奏法で，息づかいや口で音を上下させる奏法だ。ポルタメントのように下からずり上げるように聞こえることもある。音高だけでなく，音色や音量も微妙に変化する。わらべうたを塩梅風にうたって，塩梅遊びをしよう。同様に「越天楽今様」でもやってみよう。
・雅楽「越天楽」の篳篥を聴いて，塩梅の表現を楽しもう。[音源・映像⑲]

レッスン57　ふしを飾る

・相撲の呼び出しを真似てみよう。ふしはどのように飾られるだろうか。
・相撲の呼び出しのふしを利用して，友達を呼び出したり，紹介したりしよう。例えば，「ひがし〜花子さん〜，うつくしい〜」。その時，小節を好きに入れてみよう。
・「こきりこ節」「刈干切唄」などの民謡，「越天楽今様」の竜笛や篳篥のふしをはじめ，様々な日本のふしを聴こう。それらはどのように飾られているだろうか。

❸ 自分の声の高さで

レッスン58　個々の声に合った音高

- 歌は自分の歌いやすい高さで歌うのが一番だ。「こきりこ節」「ソーラン節」「越天楽今様」を自分の歌いやすい高さで歌おう。友達とどう違うだろうか。気分によって高さを変えてみよう。速さも変わるかもしれない。
- 友達が歌った声の高さに周りの人が合わせて歌ってみよう。いろんな声の高さの人がいる。

レッスン59　集団の響き

- 自分の一番出しやすい高さ，話し声の音質で，とてもゆっくり一音ずつ「お―――は―――よ―――」と伸ばしてみよう。音の高さを友達につられてはだめである。全員で声にすると，どんな響きが生まれるだろう。いろんな高さや声質が混ざり合って，不思議な響きになる。

伸ばしている時に，民謡の装飾法（ツキ，ナヤシ，ユリなど）をつけてみよう。今度はそれを全員でやってみよう。なんとなく日本の声の響きになってくる。声明にも似てくる。

ツキのイメージ　　　　ナヤシのイメージ　　　　ユリのイメージ

- 江戸木遣り，警蹕，声明など，たくさんの人が同時にうたう日本の声の響きを聴いてみよう。［音源・映像③㉓］

3 合わせる

レッスン60　息，呼吸，気配で合わせる

- 一本締めをしよう。「イヨーッ　ポン」。三本締めもしよう。みんなと自然に合うね。なぜだろう。
- 箏曲「六段の調」の冒頭唱歌（テーーントンシャン　イヤ　シャシャコーロリチトン　テントンシャン）（49ページ）を指揮者なしで合わせてみよう。どうしたら合うだろうか。息づかいや気配が大切だ。
- 数人で同時に相撲の呼び出しをしてみよう。おそらくメロディーラインは完全に一致しない。微妙なずれと響きを味わおう。

レッスン61　それぞれの合い方

- 長唄「勧進帳」の「寄せの合方」の三味線の唱歌を唱えてみよう。また，大鼓・小鼓の唱歌も唱えてみよう。さらに，それらを合わせて唱えてみよう。［59ページ楽譜］
- 長唄「勧進帳」の三味線と唄の関係に注目して聴いてみよう。二つのふしは，同じだろうか。また，どのようにして合っているのだろう。
- 長唄「勧進帳」を聴いてみよう。それぞれ唄，三味線，大鼓・小鼓は，どのようにして合っているだろう。［音源・映像⑤⑲］［59ページ楽譜］
- 雅楽「越天楽」冒頭の篳篥の唱歌を覚えよう。それを竜笛の旋律と比べてみよう。二つのふしの関係はどのようになっているだろうか。音の動きや息継ぎ，フレージングなど，同じふしなのに違っている。［56ページ楽譜］
- 民謡の唄と尺八のふしの関係に注目して聴いてみよう。特に，拍のないリズムの曲がおもしろい。二つのふしは，基本的に同じだ。でも，よく聴いてみると微妙に異なっている。どのようになっているのだろうか。

5　内的に創られた音

　音楽の楽しみ方は，何も物理的な音の世界に限りません。実際には聞こえない音の世界や時空間を超えた音をも楽しむことがあります。

レッスン62　音はいつ無くなる？

- 仏教の金属楽器である鏧(きん)(鏧子(けいす))や鈴(りん)など，音を長く引く余韻のある日本の楽器を用意する。まず，「音が無くなったところで手を挙げよう」と指示し，子どもに目をつむらせ，おもむろに一音響かせる。全身を耳にして聴くことが大切だ。今度は，目を開けたまま同じように聴かせる（目は半開きくらいがいい）。最後は，「手を挙げることなく，一音に集中して聞きましょう」と指示する。そして，「さて，あなたの耳は，最初は何が，そして最後は何が聞こえましたか」と問いかけてみよう。音はいつ無くなるのだろうか。音は心の中に残るものだろうか。
- 同じようにして，箏の一音を聴いてみよう。
　例えば，五の弦を弾いて「テ―――ン……　　　」。音が立ち上がり減衰して無くなっていく様を聴き取ろう。その後，「六段の調」を聴いてみよう。さあ，今までの聴き方と何が変わったかな。

レッスン63　内なる音を聴く

- 雅楽「越天楽」の篳篥の唱歌を繰り返し唱えて覚えよう。その後は繰り返すたびに，一部分を心の中で唱え，だんだん声に出す部分を少なくしていってみよう。例えば，
　一回目：「チーラーロヲルロターラルラアーー」
　二回目：「チーラーロ　　　　ターラルラアーー」
　三回目：「チーラー　　　　　　　　アーー」のように。
　どんな感じがするかな。物理的には消えた音を心の中で聴くことができるだろうか。［56ページ楽譜］

・雅楽「越天楽」残楽三返(のこりがくさんべん)を聴いてみよう。「残楽」とは，雅楽の演出法で，だんだんと演奏する楽器を減らしていくやり方だ。物理的には聞こえない音の世界を楽しもう。［音源・映像⑲］［56ページ楽譜］

レッスン64　先人の耳

・次のうたを，まずはしっかり声に出して読もう。それから，音の世界を想像しよう。芭蕉や良寛，御風はどんな状況でどんなふうに音を聴いたのだろうか。例えば，蛙のとびこむ音は，現実の音だろうか，過去の音だろうか，それとも……。

　　閑かさや　岩にしみ入(いる)　蝉の声
　　古池や　蛙飛(とび)こむ　水のをと　　（芭蕉）

　　夜もすがら　わが門になく　きりぎりす
　　ぬるとかいはむ　声の絶ゆるは　（良寛）

　　さよ更けて　高嶺ねのみ雪　つもるらし
　　岩間の滝つ　音だにもせぬ　（良寛）

　　水仙の　かほりほのけき　部屋ぬちに
　　静に雪の　音きゝてゐつ　（御風）

　　　　　　　　　　　　　　（＊部屋ぬち：部屋の内）

6　「今」とつなげる

　ここまでで，日本語がどれだけ伝統音楽と結び付いているか理解していただいたことでしょう。しばしば，「日本の伝統音楽は，現代では全く聞くことができない」とか「今の子どもは，伝統音楽とは遠いところで生活しているから教えることは難しい」といった悩みを耳にしますが，そんなことはありませんね。何しろ子どもも大人も日本語を話して生活しているのですから……。伝統は現代に生きているのであり，日々の営みは伝統そのものでもあります。伝統と現代は，どこかで線引きをされるものではありません。

　文化は，様々な様式や時代の影響を受けて変容し，新たに創造されています。日本の音楽も古くは大陸からの影響を強く受け，明治以降は西洋の様式を受け入れ変容してきました。その後も世界の民族音楽やブルース，ゴスペル，ジャズ，ロックなどのポピュラーミュージックをはじめ，多様な音楽を吸収し，演歌や歌謡曲，J-POPなどの新たなスタイルを生み出してもきました。

　しかし，そうした中でも日本では，声明，能楽，義太夫節，歌舞伎音楽，尺八楽，琵琶楽，箏曲など，伝統的な音楽が層を重ねるようにして現代でも生きており，また，わらべうたやわらべうたの音楽的特徴は，現代でも脈々と受け継がれています。歌謡曲やJ-POPなどと伝統的な音楽との関係性については，以前から指摘されてきたところです（小泉1973，小島1976，佐藤1999など）。

　問題は，教師がこうした状況をどのようにとらえ，次代につなげるかということだと思います。このことを考える際大切なのは，一見伝統性を感じられないような音楽の中に伝統性をどのように見出すか，様式の混ざり合いや変容の実際がどのようなものか，といった点から音楽をとらえることだと思います。ここでは，そうした視点を持つヒントとなる試みを紹介しましょう。

レッスン65　隠れている伝統をつかまえよう

・「サッポロ一番みそラーメン」（粟野圭一 作詞・作曲）のCMを歌おう。

　　ソ　ミミレ　レ　ド　ミソラ　・ソラ
　　サッポロイ　チ　バンミソラー　アメン

・この歌の音の進行は，前半と後半で性格が異なる。どのように違うのだろうか。
　　前半：ソ→ミ→レ→ド　後半：ミ→ソ→ラ→ソ→ラ
・そう。前半は，西洋的で機能和声的な感覚が見出される。でも，後半は実に日本的だ。わらべうたにしばしば使われる音階を用いているのが原因だ。それに歌詞が「みそラーメン」となっているから，「味噌」とからめて余計に日本を感じさせる。
・日本の伝統的な音階やその骨格を用いているCM，歌謡曲，J-POPを見付けてみよう。

レッスン66　謡の拍節法と日本の歌を比較し，関連性をとらえよう

・謡の拍節法をいろいろと体験しよう。次ページの枠組みの例を見ながら「平ノリ」「中ノリ」「大ノリ」を謡ってみよう。日本語の各音はどのように拍に当てはめられているだろうか。ちなみに「その時義経〜」は「船弁慶」，「東遊びの〜」は「羽衣」の謡の一部だ。[44ページ楽譜]
・わらべうた「なべなべそこぬけ」を歌って比べよう。「荒城の月」（土井晩翠）はどうだろうか。滝廉太郎作曲のものと山田耕筰が補作編曲したものがあるね。
・井上陽水の「夢の中へ」は，どうだろうか。「探しものは何ですか」といったことばのまとまりが優先しているね。拍への当てはめ方は，中ノリにも似ている。
・AKB48の「ヘビーローテーション」（秋元康 作詞，山崎燿 作曲）は，ど

うだろうか。大ノリの拍節法と対比させよう。歌い方は，拍子感よりも一拍の連続が優先されている。また，伝統的な産字も生まれている。これに対して，冒頭は"I want you！I need you！"の英語のイントネーションが強調されて，一拍連続の感じをそれほど受けない。

・文部省唱歌「春の小川」（高野辰之 作詞，岡野貞一 作曲）は，どうだろうか。

　　　春の小川はさらさらいくよ　岸のすみれやれんげの花に
　　　姿やさしく色美しく　咲けよ咲けよとささやきながら

・CM，歌謡曲，J-POPなど，いろんな曲を聴いてみよう。ことばは拍にどのように当てはめられているだろうか。謡の拍節法と比較しながら体験してみよう。それぞれの曲には，どんな伝統があって，どんな新しいスタイルがあるだろう。また，それらは，どのように変化し，一体化しているだろうか。

```
         1 2 3 4 5 6 7 8 (1)
        なーにがなーにしてーなんとやら（なー（平ノリ）
        なにやらなにしてなにとかなるやら　（中ノリ）
           そのときよしつね（大ノリ）
           あ ず ま あ そ び の（大ノリ）

        な　べ　な　べ　そーこぬけ　○
         ・さがしものはなんですか○　○
         ・みつけにくいものですか○　○

        ガ　ン　ガ　ン　な　っ　て　る
        ミ　ュ　ー　ジ　ッ　ク　○　○　へ
        ビ　ー　イ　ー　ロ　ォ　テ　ェション
```

レッスン67　ことばの性格を生かして歌おう

- 誕生日の歌「Happy Birthday to You」を歌おう。冒頭の「ハッピー」の「ハ」を1拍目とし，手拍子をつけて2拍子で歌ってみよう。同様に3拍子でも歌ってみよう。最後に本来の歌い方として，冒頭の「Happy」を3拍子の3拍目にして歌おう。何が違って何が変で，それはなぜか。
- シューベルトの「魔王」を日本語とドイツ語で歌ってみよう。例えば，以下の部分がわかりやすい。まず，ドイツ語のリズムを意識して何度も朗読し，それから歌ってみよう。ゲーテの詩が，メロディにぴったり合うことがわかるだろう。

　　Und wiegen und tanzen und singen dich ein
　　Und wiegen und tanzen und singen dich ein

- 今度は，日本語（大木惇夫，伊藤武雄　共訳）で歌ってみよう。これも何度も朗読し，日本語の特性をつかんでから歌おう。

　　うたっておねんねもさしたげる
　　いいところじゃよさあおいで

- さあ，同じ曲なのに何が違っただろう。ことばの特性，特に日本語の特性は，歌い方にどんな影響を与えただろうか。言語のアクセントがストレスによるドイツ語と，高低アクセントによる日本語の違いについて考えてみよう。
- ドイツ語を生かした歌い方，日本語を生かした歌い方を工夫しよう。ちなみに，あなたはどちらがお気に入り？
- 英語やドイツ語などの歌の原曲と和訳された曲を見つけ出し，同じように比べて歌い，また考えてみよう。日本語は，歌にどのような影響を与えているだろうか。また，日本語は，曲からどのような影響を受けるだろうか。

7 「国語科」とつなげる

　今度は「国語科」とつなげてみましょう。これまでの実践例は，すべて「ことば」と深く関係していました。ですからここでは思い切って「ことば」を学ぶ「国語科」に注目し，国語の教科書を音楽の教科書に変身させてみましょう。本書の視点から見てみると，あらあら不思議，国語の教科書は，音楽であふれているではありませんか。

　それでは，小学校1年生と6年生の教科書（小森他 2015a，b，甲斐他 2015）に使われている教材を例に，ことばの持つリズム，拍，抑揚，高低アクセント，フレーズ，響きなどをとらえながら，息づかいや身体の動きを工夫して具体的に考えてみます。

レッスン68　おはよう　（小森他 2015a, pp.8-9）

・教科書では，桜の花が満開の中で「おはよう」の挨拶をしながら登校するシーンが描かれている。いろんな「おはよう」が聞こえてくる。「おーはーよー」，「オ・ハ・ヨー」，「ｵﾊﾖ」，高い声で「おはよう」，低い声で「おはよう」など，いろんな挨拶をしてみよう。先生に挨拶する時や友達に声をかける時，とっても元気な時や少し悲しい気分の時，様々な「おはよう」を表現しよう。

　　おーは　→アーよう→　　オー　などのように，抑揚と息遣いを生かした表現もおもしろい。ここでは，歌舞伎のせりふに出てくるような言い回しや民謡の節回しなどに見られる「アー」とか「オー」のように伸ばして歌う母音，つまり「産み字」に通じる表現が生まれている。

　こうした時に自然に生まれる息遣いやひと息の勢いは，図のように

　　　　　　　　　　　　といったフレーズの構造やエネルギーの流れを生み出すけれど，これは金魚売りや竿竹売り，相撲の呼び出しをはじめ，

追分節や尺八本曲に代表されるような「拍のないリズム」の原初的なあらわれで，日本の伝統音楽にとってとても重要な表現方法だ。
・「おはよう」に「ドレ」といった音高の上下関係を当てはめると歌が生まれる。例えば「ド^おレ^はヨ^よー^う」だったり，「レ^おド^はレ^よー^う」だったりするね。リズムを変えて「レ^おー^はド^よレ^う」でもいい。いろんな表現で「おはよう」を言い合（歌い合）おう。
・教科書には，「ごめんね」や「ありがとう」，「さよなら」など，学校生活の様々な場面が紹介されている。例えば，いろんな気分の「さよなら」を表現してみよう。これらのシーンもまた音楽の世界の入り口だ。「さよならさんかくまたきてしかく」といったように，歌にするのもいいね。

レッスン69　うたに あわせて あいうえお　(甲斐他，2015, pp.20-22)

　　あかるい
　　あさひだ
　　あいうえお

　　いい　こと
　　いろいろ
　　あいうえお

　　うたごえ
　　うきうき
　　あいうえお

- ことばのリズムと「あいうえお」の明るい響きが印象的な詩だ。ここでは，ことばのリズムを生かし，それを拍にのせていろいろな表現をしてみよう。手拍子や膝打ち，あるいは首を上下に振るなどの身体の動きを取り入れてことばを発するといいね。●のところで拍をとろう。○は休符だ。●のところに，いろんな楽器を入れるとさらに楽しくなる。

〈4音節1拍〉
あかるいあさひだあいうえお
● ● ● ● ● ● ● ○

〈2音節1拍〉
あかるいあさひだあいうえお
● ● ● ● ● ● ● ○

〈1音節1拍〉
あかるいあさひだあいうえお
●●●●●●●●●●●●●○○○

〈1音節ずつ伸ばす〉
能の拍節法の一種の「大ノリ」のようになる。
あーかーるーいーあーさーひーだーあーいーうーえーおー

〈開始を半拍遅らせる〉
　あーかーるーいーあーさーひーだーあーいーうーえーおー

〈ぴょんこぴょんこはずむようなリズムで歌う〉
わらべうた「あんたがたどこさ」のようなリズムで歌う。
あーかるーいあーさひーだあーいうーえおー
● ●● ●● ●● ●● ●● ●● ○

〈かけ声を入れる〉
これらに「ヤー」「ハー」「ハイ」「ソレ」などのかけ声を入れると，音楽が生き生きとしてくる。
あーかるーいあーさひーだあーいうーえおー
● ●● ●● ●● ●● ●● ●● ヤー
いーいこーといーろいーろあーいうーえおー
● ●● ●● ●● ●● ●● ●● ソレ

〈ふしをつける〉
わらべうた風のふしを付けてみよう。子どもが知っているものがいいだろう。例えば，音楽の時間に遊んだ「ひらいたひらいた」や「おちゃらかほい」など。

ひーらいたひらいた○→あかるいあさひだあいうえお○
歌が生まれたよ。
別な感じで，4度の動きを基本とすると，何となく謡曲風になる。例えば，
あかるいあさひだあいうえお○○○
いいこといろいろあいうえお○○○

レッスン70　あり えき いか おに うし　（甲斐他，2015, pp.20-22）

あり　　えき　　いか　　おに　　うし
あひる　いるか　うきわ　えほん　おやつ
きつつき　どんぐり　にんじん

- ここでは，ことばのリズム，特に付加されるリズムのおもしろさを体感しよう。上に並べられている「あり」から「うし」までの単語を連続して読み上げてみよう。1音節1拍を基本とした場合，「あり，えき，いか，おに，うし」はそれぞれ2音節2拍がひとまとまりとなり，規則的な拍のまとまりが生まれてくる。

　　|あり|えき|いか|おに|うし|
　　|●●|●●|●●|●●|●●|　　2+2+2+2+2

- ところが次の「あひる」「いるか」などは3拍のまとまりだから，これらと組み合わせると

　　|あり|いるか|いか|いるか|おに|
　　|●●|●●●|●●|●●●|●●|　　2+3+2+3+2

というように，拍が付加されていく。さらに，「きつつき」「どんぐり」などを加えると，

　　|いるか|きつつき|おやつ|にんじん|おに|
　　|●●●|●●●●|●●●|●●●●|●●|　　3+4+3+4+2

というように，拍のまとまりが次々とつながり変化する。このようにして，異なる拍のまとまりを任意につなげていくと，例えば次のようなリズムフレーズが生まれてくる。これがとてもおもしろい。全員で机を叩いて拍をとりながら，はじめはゆっくり，そして回数を重ねるたびにテンポを速くしていこう。最後の「おに」でうまく全員の声がそろうと，とてもいい気持ちになる。

あり	えき	いか	おに	うし	あり	いるか	いか	いるか	おに	いるか	きつつき	おやつ	にんじん	おに
●●	●●	●●	●●	●●	●●	●●●	●●	●●●	●●	●●●	●●●●	●●●●	●●●●	●●
2	＋2	＋2	＋2	＋2	＋2	＋3	＋2	＋3	＋2	＋3	＋4	＋3	＋4	＋2

・これと共通する楽しさを持つ遊びを思い出そう。例えば，階段でジャンケンをして，勝った方が階段を登ることができる遊びがある。「グリコ」（グー）で勝つと3段，「パイナップル」（パー）で勝つと6段（あるいは5段），「チョコレート」（チョキ）の場合は，6段（あるいは5段）を進むことができる。これを意識して遊んでみよう。

・わらべうたの「あんたがたどこさ」では，付加するリズムが楽しさを倍増させる。

|あんたがたどこさ|ひごさ|ひごどこさ|くまもとさ|くまもとどこさ|せんばさ|せんばやまにはたぬきがおってさ|
|4|＋2|＋3|＋3|＋4|＋2|＋8|

・こうした例は，民俗音楽や民俗芸能では当たり前のことだ。例えば，次の太鼓のリズムを叩いてみよう。自分でもつくってみよう。

|ドンドコ|ドンドコ|ドンドコドン|ドンドコドン|ドドンコ|ドンドン|ドンカッカ|ドンカッカ|
|2|＋2|＋3|＋3|＋2|＋2|＋3|＋3|

・有名な箏曲「六段の調」の初段冒頭は，流派やフレージングによって多少異なるけれど，例えば次のようになっている。

|テーートンシャン（イヤ）|シャシャコーロリチトン|テントンシャン|～|
|5|＋4|＋3|

　このように，「ことば」にしたがってそのリズムを付加していく体験は，日本の伝統音楽の学習の発展性を考えた時，とても大切なものとなってくる。

レッスン71 かきと かぎ （甲斐他, 2015, p.28）

　　さるの　だいじな
　　かぎの　たば。
　　げんかん　うらぐち
　　まど　とだな。
　　どれが　どれだか
　　わからない。

・手拍子を打ちながら，声を出して読んでみよう。どんなリズムが生まれるかな。次の楽譜は一例だ。声を出すことによって自然に生まれ出てくることばのリズムが楽しい。

・これに伝統的な音階でふしをつけてみよう。

・音階の構成音を増やすと，表現はもっと多様になる。

レッスン72　ねこと　ねっこ　(甲斐他, 2015, pp.42-43)

　　ねこが　いっぴき，
　　はらっぱ　はしる。
　　ねっこ　とびこえ，
　　ばったと　かけっこ。

・促音は，日本語のことばのリズムをいっそう豊かにする。例えば「ねっこ」や「なっぱ」を繰り返して声を出すと，跳ねるようなリズムが自然に出てくるね。わらべ歌の「おちゃらか」や阿波踊りの「エライヤッチャエライヤッチャ」でも同様で，日本人が最も親しんでいるリズムだ。促音のあるものと無いものを組み合わせるとさらに楽しいリズムが生まれてくる。

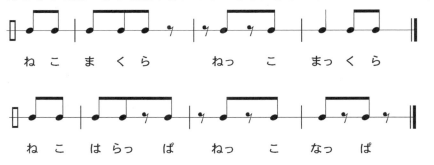

・これを生かして，簡単な歌にしてみよう。

レッスン73　おむすび　ころりん　(甲斐他, 2015, pp.66-73)

「おむすび　ころりん　すっとんとん。　ころころころりん　すっとんとん。」

・これは何だかすぐにわかるね。昔話の「おむすび　ころりん」でおむすびがころころと転がっていく場面だ。ここでは，子どもと一緒にすてきな歌をつくってみよう。

レッスン74　かぞえて　みましょう　(小森他, 2015a, pp.110-111)

　一(いち)　二(にぃ)〜
　　一つ　二つ　〜
　　一まい　二まい　〜

・数を表す漢字やいろいろな数え方の勉強のページだ。声に出して読むとそのまま歌になる。数の数え方やわらべうたの歌詞や旋律は，個人や地域によって抑揚などが異なるので，それも生かして楽しむといいね。

・次のような縄跳び歌と関連させると授業はもっと楽しくなる。

レッスン75　とん こと とん　(小森他, 2015b, pp.32-37)

・「とん　こと　とん」(武鹿悦子 文)は，ねずみともぐらの心温まるお話だ。ねずみが散歩から帰ってくると，床の下からなにやら音が聞こえてくる。「なんだろう」と思ったねずみが床を叩くと……

　　とん　こと　とん

音の正体は，床下に引っ越してきたもぐらだった。そして二人は仲良しになる。

　　とん　こと　とん。「おやすみなさい。」
　　とん　こと　とん。「また，あした。」

音とことばでお話をする二人が印象的だ。そう。二人のコミュニケーションは，歌うともっとすてきになる。かわいい歌がたくさん生まれてきそうだ。

・発展させて，もっとすてきな歌の会話にしてみよう。

第三章

常時活動で「うたうこと」を取り入れる！伝統音楽の活動アイディア23

実践編

　以上の考えや実践例を基にして，最後に，学校の音楽授業で実践可能なアイディアを「うたうこと」を中心に一つのプログラムとして紹介します。これらの活動は，「ことばやことばを生かしたうたでたくさん遊ぶ」「歌詞を加えたり，新しい歌詞に替えたりして，少しずつ変化させる」「あたらしいうたとして即興的に作り替える」「自分のうたを生み出す」「思いをうたにのせて相手に伝え，それをつなげたり掛け合ったりしてうたで会話をする」というように，およそ段階的に記しています。毎時間少しずつ活動を継続すると良いでしょう。また，様々なレベルでの活動が可能になるので，事例を参考にして，子どもの実態や先生のアイディアを活かして取捨選択し，系統的で楽しい活動を考えてください。その際子どもの日常，遊びの様子などをよく観察して，その実態とつなげることも大切な視点です。テレビ等の媒体を通して，お笑い系の二人組の芸人が，ことばの特性を生かした掛け合いをすることがしばしばあります。これらは，昔ながらの万歳に見られる太夫と才蔵のように，日本の伝統的な芸態とつながる面もあるので，こうしたやりとりも用い方しだいでは良い教材になると思います。

実践1　いろんなわらべうたで遊ぼう

- なんといっても，わらべうたでたくさん遊ぶことが基本だ。じゃんけんうた，となえうた，手遊びうた，絵かきうた，数えうた，鬼決め，等々のわらべうたで遊ぼう。複数の人数で遊ぶものを選んでほしい。同じうたでも歌詞や遊び方が異なるものがあったらできるだけたくさん取り上げて違いを楽しもう。例えば，「おちゃらか」，「ゆうやけこやけ あしたてんきになあれ」，「おてらのおしょうさんが」，「だるまさんがころんだ」，「かごめ」，「ずいずいずっころばし」，「おせんべやけたかな」，「はないちもんめ」，「なべなべそこぬけ」，「茶々つぼ」，「あがりめさがりめ」，「だるまさん（にらめっこ）」など。

実践2　拍子木で遊ぼう

- 拍子木の活動（34ページ）を発展させよう。
- まず出席をとろう。
  「出席をとります」（チョン）「△△さーん」「はーい」（チョン）「△△さーん」「はーい」（チョン）……。
- 何度かやったら，「出身地域」や「好きな食べ物」などを紹介しよう。教師と子どもとの間の「間」の設定，子どもが即興的に選択することばがおもしろいところだ。

　　△△△△（チョン）△△出身，ラーメン大好き（チョン），△△△△（チョン），△△出身，カレーはいつも4杯おかわり（チョン），……。

- 入れたいことばを様々に入れ込んで遊んでみよう。
- 子どもどうしでもやってみよう。二人の間で絶妙の「間」を生み出すことが大切だ。

実践3　ヴァリアンテをつくろう

- 「どれにしようかな」や「おてらのおしょうさん」で遊ぼう。
- 自分の歌い方と違う歌い方（歌詞）があることを確認し，友達と紹介し合おう。例えば，「おてらのおしょうさん」の場合，「かぼちゃのたねをまきました」に続いて次のような例がある。

　　はーながさいたらかれちゃって　にんぽうつかってそらとんで
　　テーレービーのーまーえーで　チャンネルまわしてジャンケンポン

- 続きのうた（歌詞）を自分でつくってみよう。

実践4　いろんな言い方・歌い方があるよ

- 「だるまさんがころんだ」で遊ぼう。「だるまさんがころんだ」には，いろんな言い方・歌い方があるね。鬼になった時，どんなふうに工夫するだろうか。

```
だるまさんがころんだ
          レ   レ       レ   ド ド  レ
だー│るま│さん│が│こー│ろん│だ

だまさんが―――ころんだ
```

ことばを新たに付け足してもいいね。

　　だるまさんがコロコロコロコロ………ころんだ

このように，いろんな歌い方をして相手にフェイントをかけるわけだ。

実践5　トントントンは何の音？

- 「あぶくたった」（12ページ）で遊ぼう。
- 「トントントン何の音？」の答えを即興的につくって遊ぼう。表現も工夫してね。

実践6　楽器とおはなし

- 「ドンドコ」「テンツク」「チャンチキ」などは，日本の楽器を習得するために使用するもので唱歌（口唱歌とも）と言う。この唱歌を仮に「楽器ことば」とする。実際の唱歌の音を組み合わせて「楽器ことば」を作ってみよう。例えば，「チャンチャンチャン」「チキチキチン」「ドドンコドンドン」など。小学校の場合，低中学年では，『ちゃっくりがきいふ　らくご絵本』（桂文我，2002）などのような，唱歌や日本語のオノマトペが楽しく登場するお話を活用するといいだろう。このお話では，さきちという男が，お茶と栗と柿と麩を売り歩こうとして，それらの名前を「ちゃっくりがきいふ」とまとめて売り声にしてしまう。それをおもしろがった子どもたちが，さきちの声に合わせて「パッピ，プッペ，ポ」と続ける。

　　ちゃっくりがきいふ　パッピ，プッペ，ポ

そうすると向こうからチンドン屋さんが，鉦や太鼓を鳴らしてきて，

　　チャン，チキチィーン，ドドォーン

何とも楽しい音の世界だ。
- つくった「楽器ことば」を実際に楽器で演奏してみよう。
- 今度は逆の発想だ。太鼓や鉦を使って，自由に楽器を演奏し，それを「楽器ことば」にしてみよう。
- 「楽器ことば」で友達とお話しよう。

　　あゆみさん：チャンチャンチャン
　　めぐみさん：チキチキチン
　　あゆみさん：ドドンコドンドン
　　めぐみさん：テンツクテン

- 慣れてきたら，もっと長い「楽器ことば」に挑戦だ。長い「楽器ことば」を二人の友達が同時に繰り返すとどうなるだろうか。

実践7　となりのおば さ〜ん 行けない理由は？

・「はないちもんめ」で遊ぼう。
　　Aグループ：勝ってうれしい花いちもんめ
　　Bグループ：負けてくやしい花いちもんめ
　　Aグループ：となりのおばさんちょっときておくれ
　　Bグループ：鬼が怖くて行かれません
　　Aグループ：座布団かぶってちょっときておくれ
　　Bグループ：座布団ボロボロ行かれません

・この先の歌詞をどんどんつくって遊ぼう。例えば，
　　Aグループ：自転車に乗ってちょっときておくれ
　　Bグループ：自転車パンクして行かれません
　　Aグループ：ドローンに乗ってちょっときておくれ
　　Bグループ：体重重すぎ乗れません

実践8　うたの変身！

・「さよならさんかく」の続きは，何といって遊んだ？
　さよなら三角またきて四角　四角は豆腐　豆腐は白い　白いはうさぎ……
・円になって，続きを即興的につくって，うたを回そう。途切れないように。
・しりとりうたや数えうたなど，「続くうた」をつくろう。

実践9　声のおみせやさん

・いろんな物売りの声を体験しよう。日常的に聞くことができるのは？
　「たけや～さおだけ～」「い～しや～きいも～～～」などがあるね。
・いろんな物売りさんになってみよう。「とうふ」「なっとう」「きんぎょ」……。あなたは，何を売りたいかな？　伸ばすような歌い方，ことばを繰り返したたみかけるような言い方，声の音色も様々。いろんな言い方・歌い方でやってみよう。
・いろんなお店が並んでいる場面を設定しよう。お魚屋さん，八百屋さん，おや，向こうから豆腐屋さん，焼き芋屋さんも来たぞ。街を歩くとどんな声が聞こえてくるだろう。さあ，買い物に出かけよう。

実践10　うたでおはなし1

・「ひらいたひらいた」で遊ぼう。
・この曲の歌詞は，掛け合いになっている。二人あるいは二組になり，掛け合って遊ぼう。
　　a　ひらいたひらいた
　　b　なんの花がひらいた
　　a　れんげの花がひらいた
　　ab　ひらいたと思ったらいつのまにかつぼんだ

・次に,「れんげの花がひらいた」のところに別の花の名前を入れてみよう。
・だんだんと遊ぶうちに歌詞もいろいろと変化できるね。例えば,「ひらく」のは,花だけではない。ひらいてうれしいものは何だろう。このように考えると,どんどん歌詞が変わっていく。
・「ひらいたひらいた」は,いろんな歌い方をされてきた。次のうた(尾原,1975, pp.161-163)は,どんなふうに歌っただろうか。想像しながら歌ってみよう。

　　れんげれんげ　つゅぼんだ　やっとこっちゃつぼんだァ
　　ひィらいたひィらいた　やっとこっちゃひィらいたひィらいた

　　ひィらいたひィらいた　何の花がひィらいた　げんげん花がひィらいた　小豆さいたら　つゅぼんだ
　　つゅぼんだつゅぼんだ　何の花がつゅぼんだ　げんげん花がつゅぼんだ　小豆さいたらひィらいた

　　ひィらいたひィらいた　大きな花が　ひィらけひらけ　もっとひらけ
　　しィぼんだしぼんだ　小さな花が　しィぼめしぼめ　もっとしぼめ

・「うさぎうさぎ」でもやってみよう。例えば,「○○先生　何見てはねる」「きれいなお花を　見てはねる」など。

実践11　うたでおはなし2

・「あんたがたどこさ」で遊ぼう。
・「あんたがたどこさ」にならって，出身地についてうたで会話をしてみよう。
・慣れたら話題もいろいろ変えてみよう。例えば「あんたなに食べた？」「あんたこれなあに？」など。
・もっと慣れたら頭に浮かんだ質問をことばにしてみよう。リズムもふしも変わっていくだろう。「あんた今度の日曜日は何するの」って，どんなふしになるだろうか。
・もっともっと慣れたら……？　もう「うた」でしかお話してはいけないよ。

実践12　自分のつくった子もりうたで歌いかけよう

・小学校の教科書にある歌唱共通教材の「子もりうた」を歌おう。いわゆる「江戸子もりうた」だ。

教科書には，楽譜中の♭をつけた旋律とつけない旋律が紹介されています。

・「ぼうや」のところを好きな友達の名前に替えて歌おう。
・「よいこだ」のところも替えてみよう。新しい歌詞にしたがって，ふしも変わるかもしれない。例えば「たかしくんは，いつまでも寝ないね」だったら，どんなふしになるだろう。
・次の楽譜の歌を歌ってみよう。新潟県十日町市で歌われていたものだ。「江戸子もりうた」をまとめたような歌い方だね（↓の音は，楽譜の音高より少し低めになる）。

・これにならって，もとの「子もりうた」をいろんな形に変身させよう。

実践13　いろいろつくろう「ほたる」のうた

・「ほたる」を歌おう。

　ほっ ほっ ほたるこい あっちのみずはにがいぞ……

・「ほたる」の仲間の歌も歌おう。以下に，新潟県内の「ほたる」を二種類紹介する。

ほたる１

ほたる２

・これをもとに，自分の「ほたる」をつくってみよう。

・その方法としては，例えば「やまみちこい」の部分の歌詞を付け加えて増やす，「ほたるのかあさん」の部分の歌詞を新たに考える，「ほっ」や「こい」の数やリズムを変化させる，などが考えられる。うまくいけばたくさんの「ほたる」が生まれてくる。

実践14　ことばのリズムと抑揚を生かして

・映画「男はつらいよ」の寅さんの口上を真似よう。

　　わたくし　生まれも育ちも葛飾柴又です

　　帝釈天で産湯をつかい　姓はくるま　名はとらじろう

　　人よんでふうてんの寅とはっします

・寅さんを真似て，自己紹介しよう。ことばのリズムや抑揚，発音を十分に生かそう。最後のところは，すてきなニックネームを付けるといいね。

　　わたくし　生まれも育ちも△△△△です

　　△△△で産湯をつかい　姓は△　名は△△△

　　人よんで△△△△とはっします

・自己紹介の後は，他己紹介もしてみよう。友達の良いところをたくさん入れ込んでね。

・バナナのたたき売り，がまの油売りの真似をしよう。

・バナナのたたき売りを真似て，何かを売ってみよう。

・売る人と買う人とに分かれてリズミカルにやりとりしてみよう。

実践15　呼び出しごっこをしよう

・テレビの大相撲を見て，呼び出しの「呼び上げ」を聞こう（序の口や序二段担当の若い呼び出しや横綱の呼び出しのようなベテランの声を比べて聞くと「うまさ」がわかる）。

・呼び出しの「呼び上げ」を真似よう。

　　ひが〜し〜，△△山，△△山，に〜し〜，△△錦，△△錦

・二人組になって東西に分かれ，お互いの名前を呼び上げよう。相手を紹介することばを付け足してもいいね。

　　ひが〜し〜，△△さん，ラ〜メ〜ン好き〜

実践16　音頭一同形式で遊ぼう

・「ソーラン節」は音頭一同形式でできている。歌いかける音頭に対して一同が囃子詞などで歌い返していく。もともとは，北海道でニシン漁をする時に，仲間で力を合わせて網あげの作業をするうただった。音頭と一同に分かれて元気よく歌ってみよう。

　　音頭：ヤーレン　ソーラン　ソーラン　ソーラン　ソーラン
　　　　　ソーラン
　　一同：ハイハイ
　　音頭：にしんきたかと　かもめにとえばー
　　　　　わたしゃたつとり　なみにきけチョイ
　　一同：ヤサエーエンヤーンサーノドッコイショ
　　　　　ハードッコイショ　ドッコイショ

・仲間が元気が出るような音頭の歌詞を七七七五で考えよう。
・次々と音頭を交代して歌っていこう。どういうふうに歌うと元気が出て力を合わせることができるだろうか。

実践17　うたの伝言ゲーム

・民謡の「ハイヤ節」は，九州から北前船の航路を北上し，越後で「おけさ」と結び付き，さらに「秋田アイヤ節」「津軽アイヤ節」などへと変容したと言われている（町田，1967）。これは，壮大なうたの伝言ゲームだ。
・クラスを数人のグループに分けて，各代表にちょっとした自由リズムの曲を伝えよう。「相撲の呼び出し」や「長持唄」など，拍のないリズムの曲の冒頭などがいいだろう。ふしの一部でかまわない。
・伝えられた人は，そのふしをグループの他の人にどんどん伝えていこう。耳元で他の人に聞こえないように，そっと伝えることが肝心だ。歌がどんどん増殖していくだろう。歌詞やふしを間違えても全くかまわない。いやむしろ，その方がおもしろい。
・さあ，うたはどのように変身しているだろうか。まず，最初の人と最後の

人とで発表してみよう。各グループの中でどんな変化をしただろうか。グループの最初から最後まで一人一人うたうのもおもしろい。

実践18　賢治とともに

・宮沢賢治の「雪わたり」（宮沢，1963，pp.9-25）を読もう。
・作品の冒頭に登場する「かた雪かんこ，しみ雪しんこ」については，賢治のふるさと岩手に，次のようなわらべうたがある（千葉，1985）。

　　かた雪かんこ，凍み雪しんこ
　　しもどの嫁コァ，ホーイホイ。(九戸郡九戸村)

・「雪わたり」は全編四郎やかん子，白ぎつねの「うたづくり」であふれている。例えば，

　　かん子：きつねこんこんきつねの子，きつねのだんごは兎(うさぎ)のくそ。
　　四郎：きつねこんこんきつねの子，去年きつねのこん兵衛が，ひだりの
　　　　　足をわなに入れ，こんこんばたばたこんこんこん。

・重要なのは，この作品中にずっと流れている次のリズム・フレーズだ。

　　キック，キック，トントン。
　　キック，キック，トントン。
　　キック，キック，キック，キック，トントントン。

生まれてくるうたはこの基本のリズム・フレーズを取り入れ繰り返しながら，それにことばをあてはめていく作業の結果とも言える。

・さて，この「キック，キック，トントン〜」を十分に身体に染みこませよう。身体を上下に揺すって遊ぶのもいいね。作品の中では，白ぎつねが，「両手をふって調子をとりながら」うたっている。それを真似てうたをつくっていこう。ちなみに白ぎつねの歌っているうたは次のようなものだ。

　　し　み　ゆ　き　しんこ，
　　（キック，キック，トントン）
　　か　た　ゆ　き　かん　こ，
　　（キック，キック，トントン）
　　の　は　ら　の　ま　ん　じゅうは，
　　（キック，キック，キック，キック）
　　ポッポッポッ。
　　（トントントン）

・このようにして身体を動かしながら，どんどんうたをつくってみよう。最初は，レドやレドラの音階を基本にするといいだろう。レやラが終止音となる。

実践19　七と五でつくろう

- 七五調，七七七五調といった古典的なうたづくりの装置に着目する。
- まず「越天楽今様」を覚えよう。
- このふしには，昔からたくさんの歌詞がつけられてきた。「越天楽今様」のふしにのって，七七七五調で自分のうたをつくってみよう。最初は，次の歌詞の続きを考えてみるといいだろう。

　　このごろ学校ではやるもの〜
　　わたしがいちばんすきなもの〜
　　今日の給食なんだろな〜

- 今様大会をしよう。自分の思いを自由に歌いあげる時だ。この際「越天楽」のふしが変化してもかまわない（例えば，民謡の「黒田節」は「越天楽今様」が変化してできたものだ）。自分の歌いやすい声の高さで，テンポも適度な速さでいいだろう。［音源・映像㉔］

実践20　ふしでつくろう

- 何か一つ，民謡を覚えよう。例えば，「こきりこ節」「ソーラン節」「佐渡おけさ」など。
- 詩型（七七七五基本型が多い）に沿って，自分の言いたい歌詞をつくろう。
- ふしにのせて歌ってみよう。
- 慣れてきたら即興的に歌詞をつけてうたおう。なお，多少ふしが変形してもかまわない。そのほうがおもしろい。
- お互いに掛け合って何回も続けてみよう。何分続くかな。

実践21　掛唄に挑戦

・秋田県横手市の金澤八幡宮では，毎年9月14日夜から15日未明にかけ，夜を通して「伝統掛唄大会」が行われる。そこでは，二人一組となって「仙北荷方節」にのせて即興で歌詞を考えうたを掛け合う。

　　a　俺の仕事は　儲かる仕事　今度あなたも　やってみねが
　　b　俺の仕事も　儲かる仕事　弟子にするから　やってみてどうだ
　　a　それは確かに　仕事によるよ　難儀な仕事だば　おら嫌だ
　　b　楽な仕事は　あるわけないよ　甘えちゃならない　世の中は

・掛唄に挑戦しよう。まず，仙北荷方節を覚えよう（別な曲でもかまわない。拍のないリズムの曲がいいだろう）。
・テーマを設定して，二人組になり，七七七五を基本に歌詞をつくり合おう（例えば，運動会，勉強など）。
・つくった歌詞をふしにのせて練習だ。
・掛唄大会をしよう。

金澤八幡宮伝統掛唄大会の様子

実践22　うたのまわりっこ

・「うたのまわりっこ」とは，手島育氏が，日本民俗音楽学会の研究発表で紹介した用語だ（手島，2006）。新潟県聖籠町浜地区の高齢者が，「うたのまわりっこ」と称して自分のその時の思いをうたにのせ，次から次へと歌い回している様子が紹介された。
・これまでつくったうたをうたったり，即興的にうたをつくったりして，「うたのまわりっこ」をしよう。
・内側に向かい，円になり，自分の好きなふしにのって，その時の気持ちを歌詞にし，即興的に歌い，うたを回そう。

実践23　うたで伝え合い

・あなたのところに遠くから友達が訪ねてきた。
・歓迎のうたをつくって歌おう。
・お礼のうたをつくって歌おう。

おわりに

　雨が降り注いで植物が豊かに育つように，子どもは，ことばのシャワーを浴びながら大きく成長します。そしてそこには，音楽のもととなる栄養がたっぷりと含まれているのです。

　『まり』（谷川俊太郎，2003）という絵本があります。まん丸い「まり」が登場し，「ころん」と転がり，「ころころ」動き出し，「ころ　ころ　ころころ」と坂を下って，「ぽとーん」と落ちてしまいます。かと思うと次には「ぽん　ぽん　ぽん　ぽん」と跳ね出し，大きなバットに「ぱしっ！」と打たれて「びゅーん！」と勢いよく跳んで，壁に「ぴしゃ！」と打ち付けられてしまいます。次にたちまち立方体に変身，「かきーん」と跳んで「ことん」と落ち，「かっくん　かっくん」と動き出す。「ぽちゃん」と水に落ちて「ぶく　ぶく　ぶく」沈んでしまい，音のない絵だけの静寂のページとなり，やがて「ぷか」と浮かび上がる……。

　どうでしょう。日本語のおもしろさが余すことなく表現されていますね。そして，とても音楽的です。「ころころ」「かっくん」といった語感や「ぽんぽん」から生まれるリズム，「びゅーん」「ぽちゃん」などの抑揚がもととなり，それらはやがて音楽となっていきます。

　絵本の世界のみならず，子どもの日常は，もっと魅力的です。「おかあさん」「なあに」といった何げない会話も少し意識するだけで，すてきな音楽表現となっていくのです。双方向的で即興的な声の世界です。

　　何度でも呼ばれておりぬ雨の午後
　　「かーかん」「はあい」「かーかん」「はあい」　（俵万智，2008）

　民族音楽学者の小泉文夫氏（1986）は，「日本の伝統音楽を教育に取り入れる真の目的は，（中略）子どもたちの『内にある音楽的な本来の芽を発芽

させ，育てる足がかりにする』ことであるべき」（p.192）と主張しています。日本の音楽教育の根っこの部分をどのように考えるか，といった問いに対するきわめて重要な提言です。「にほんごは　おんがくの　すてきな　おかあさん」と小題を付した本書は，この提言を具現化したものと考えています。

　「日本の子どもが日本語を自由に話している。そして，学校の先生も日本語が大得意」。このことの意味と重要性に気付くことが日本の伝統音楽の授業の出発点だと思います。

　なお，文中歌の掛け合いについては，加藤富美子，黒田清子，権藤敦子，永井民子，中村奏絵，中村正之，娜布其，明道春菜，吉村智宏，山本幸正の皆様との共同実践開発の成果を盛り込んでいます。また，長唄「勧進帳」の「寄せの合方」の唱歌譜作成については，小塩さとみ氏にご協力いただきました。この場を借りて御礼申し上げます。

　学校の授業がこれまで以上に楽しく充実したものとなるために，本書が活用されることを願っています。

2019年3月

伊野　義博

◆音源・映像
①平凡社（1991）『音と映像による日本古典芸能体系』日本ビクター
②家本芳郎（2001）『CDブック家本芳郎と楽しむ群読』高文研
③日本伝統音楽芸能研究会（編）（1987，1988）『邦楽百科入門シリーズ　日本の音Ⅰ～Ⅴ』音楽之友社
④中山一郎（編）（2008）『映像アーカイブ　日本語を歌・唄・謡う』アド・ポポロ
⑤永山武臣（監修）（2004）DVD『歌舞伎名作撰　勧進帳』松竹株式会社／NHKソフトウェア　NSDS-7860
⑥永山武臣（監修）（2004）DVD『歌舞伎名作撰　白浪五人男』松竹株式会社／NHKソフトウェア　NSDS-7865
⑦高橋秀雄総（監修・著）（2002）「日本の音１　打楽器』『日本の楽器　全6巻　CD付』小峰書店
⑧横道萬里雄，蒲生郷昭（構成・解説）（1978）LP『口唱歌大系―日本の楽器のソルミゼーション』CBSソニー
⑨小島美子（監修）（1991）CD『日本の民族音楽２　日本のダンス・ミュージック』キングレコード　KICH2022
⑩小島美子（監修）（1991）CD『日本の民族音楽５　南海の音楽／沖縄』キングレコード　KICH2025
⑪小島美子（監修）（1991）CD『日本の民族音楽９　日本の音風景』キングレコード　KICH2029
⑫越中五箇山筑子唄保存会DVD『DVDで学ぶ・おぼえる　富山県五箇山　こきりこ』越中五箇山筑子唄保存会
⑬宮田章司（2003）『江戸物売り百声　岩波アクティブ新書74』岩波書店
⑭東京楽所（演奏）多忠麿（音楽監督）CD『日本古代歌謡の世界』コロムビア　COCF12111～12114
⑮『中学音楽２・３下　音楽のおくりもの　教師用指導書　解説編　付属DVD』教育出版
⑯阿倍季昌（監修）VHS『ビデオで覚える雅楽越天楽』武蔵野楽器
⑰大森美樹（企画制作）CD『知らざぁ言って聞かせやしょう　歌舞伎名台詞集』ビクター伝統文化振興財団　VZCG-310
⑱財団法人音楽鑑賞教育振興会（編）（2002）DVD『ONK-504　学校の音楽鑑賞④　日本の音楽編Ⅰ』財団法人音楽鑑賞教育振興会
⑲財団法人音楽鑑賞教育振興会（編）（2002）DVD『ONK-505　学校の音楽鑑賞⑤　日本の音楽編Ⅱ』財団法人音楽鑑賞教育振興会
⑳一龍斎春水（案内役）（2001）『日本の大道芸　もの売り，啖呵売』キングレコード　KICH2616
㉑澤田隆治（監修・構成）『覚えておきたい　大衆娯楽名セリフ集』キングレコード　TDCS-0003～7
㉒一般社団法人長唄協会・長唄と教育をデザインする委員会（2014）『文化庁「伝統音楽普及促進支援事業」教材作成事業「すぐに役立つ！音楽教員のための実践長唄入門』』一般社団法人長唄協会
㉓CD『決定盤　木遣り』コロムビアミュージックエンタテイメント　COCJ33891-92
㉔CD『越天楽のすべて』（2002）キングレコード　KICG3076
㉕西野春雄（監修）伝統音楽普及促進事業実行委員会（制作）DVD『「能」は面白い！』伝統音楽普及促進事業実行委員会
㉖伶楽舎（企画・制作）芝祐靖（音楽監督）（2016）DVD『子どものための雅楽　雅楽ってなあに？』伶楽舎
㉗日本音楽の教育と研究をつなぐ会（企画・制作・編集）（2018）『音楽指導ブック　唱歌で学ぶ日本音楽』音楽之友社

◆引用・参考文献・映像

會津八一（1951）『會津八一全歌集』中央公論社
朝倉喬司（1989）『流行り唄の誕生』青弓社
一般社団法人長唄協会・長唄と教育をデザインする委員会（2014）『文化庁「伝統音楽普及促進支援事業」教材作成事業「すぐに役立つ！音楽教員のための実践長唄入門」』一般社団法人長唄協会
伊野義博（2001）「音楽が生み出される場とこどものかかわり」『日本音楽を学校で教えるということ』日本学校音楽教育実践学会編　音楽之友社　pp.50-56
伊野義博（2003a）「ことばから始める音楽授業Ⅰ～題材〈にほんごは　おんがくのすてきなおかあさん（小学校1年生）〉の実践から」『新潟大学教育人間科学部紀要　第6巻第1号』pp.105-126
伊野義博（2003b）「〈越天楽今様〉新たな視点によるアプローチ～小学校6年生における授業の構成」『新潟大学教育人間科学部紀要　第5巻第2号』pp.135-172
伊野義博（2007）「民謡の教材性と授業プラン～長岡甚句を例に～」『新潟大学教育人間科学部附属教育実践総合センター研究紀要　第6号』pp.55-82
伊野義博（2009）「小学校における日本の伝統的な歌唱の授業プラン2～題材名「こくごをうたう」の実践案～」『新潟大学教育学部研究紀要　第1巻第2号』pp.191-203
伊野義博（2010a）「日本語をうたうことからの出発」『音楽教育実践ジャーナル　vol.8　no.1』日本音楽教育学会　pp.39-49
伊野義博（2010b）「楽しく学ぶ日本の音の世界」『Spire_M　中学・高校版　通巻第19号』教育出版　pp.12-16
伊野義博，永井民子，中村奏絵，中村正之（2016）「音楽授業における〈掛け合い歌〉の実践的研究」『新潟大学教育学部研究紀要　第9巻第1号』新潟大学教育学部，pp.125-155
伊野義博（2017）「ことばからはじまる日本音楽の授業～伝統的な感性を育てる理論と実践」『音楽教育の実践学（2）～大学の授業と実践現場をつなぐ～』伊野義博他　三恵社
尾原昭夫（1975）『日本のわらべうた〈戸外遊技歌編〉』社会思想社　1975年
杵家彌七（2014）『三味線文化譜　長唄勧進帳』邦楽社
甲斐陸朗他（2015）『こくご一（上）　かざぐるま』光村図書出版
柿木吾郎（1982）「刈干切唄の比較分析」『日本の音階』東洋音楽学会
柿木吾郎（1987）「日本民謡の音楽性」『日本伝統音楽芸能研究会編　邦楽百科入門シリーズ　日本の音　声の音楽3』音楽之友社
桂文我　話，梶山俊夫　絵（2002）『ちゃっくりがきいふ　らくご絵本』福音館書店
加藤僖一，飯島太千雄（1994）『良寛墨蹟大観　第四巻　和歌篇（二）』中央公論美術出版
岸辺成雄他（監修・執筆），平凡社（編集・制作）（1992）『音と映像による日本古典芸能体系　映像解説編』日本ビクター
小原光一他（監修）（2015）『小学生の音楽5』教育芸術社
工藤直子（1984）『のはらうたⅠ』童話屋
黒川伊保子（2007）『日本語はなぜ美しいのか』集英社新書
権藤敦子，明道春菜，伊野義博，加藤富美子，黒田清子，永井民子，山本幸正（2016）「歌唱における学習過程の再考（2）　ブータンの掛け合いをてがかりにした実践開発」『初等教育カリキュラム研究　第4号』広島大学大学院教育学研究科初等カリキュラム開発講座，pp.15-27
小泉文夫（1973）『おたまじゃくし無用論』いんなあとりっぷ社
小泉文夫（1986）『子どもの遊びとうた』草思社
小島美子（1976）『日本の音楽を考える』音楽之友社
小島美子（1981）『歌をなくした日本人』音楽之友社
小森茂他（2015a）『新編　あたらしいこくご一上』東京書籍

小森茂他（2015b）『新編　新しい国語六』東京書籍
佐藤良明（1999）『J-POP 進化論　「ヨサホイ節」から「Automatic」へ』平凡社新書
笹本武志（2003）『はじめての雅楽　笙・篳篥・龍笛を吹いてみよう』東京堂出版
澤瀉久孝（1968）『萬葉集注釋　巻十九』中央公論社
ジョン・ペインター著，坪能由紀子訳（1994）「プロジェクト13」『音楽をつくる可能性』音楽之友社
鈴木棠三（1987）『説話民謡考』三一書房
相馬御風（1981）『相馬御風著作集　第八巻』名著刊行会
谷川俊太郎　文，広瀬弦　絵（2003）『まり』クレヨンハウス
俵万智（2008）『かーかん，はあい　子どもと本と私』朝日新聞出版
千葉瑞夫（1985）『日本わらべ歌全集2下　岩手のわらべ歌』柳原出版
手島育（2006）「聖籠町浜地区　高齢者の歌唱行動とその意味」新潟大学大学院教育学研究科修士論文
東儀俊美（監修）（2006）『打物譜（篳篥）』幸写植
東郷豊治（1963）『良寛歌集』創元社
中村俊定（校注）（1970）『芭蕉俳句集』岩波書店
新美徳英（監修）（2015）『小学音楽　音楽のおくりもの5』教育出版
日本音楽の教育と研究をつなぐ会（企画・制作・編集）（2018）『音楽指導ブック　唱歌で学ぶ日本音楽』音楽之友社
日本伝統音楽芸能研究会編（1988）『邦楽百科入門シリーズ　日本の音Ⅴ　統合／現代』音楽之友社
藤田芙美子（1998）「日本の子どもたちの音楽性とその育ちに関する民族誌学的研究」『音楽研究　国立音楽大学大学院研究年報第十輯』pp.43-72
古橋信孝・森朝男（2008）『万葉集百歌』青灯社
町田佳聲（1967）「民謡源流考」『日本の民謡と民俗芸能』東洋音楽学会　pp.45-185
丸岡明（2011）『観世流謡本特製一番綴』能樂書林
宮城道雄（1992）『生田流箏曲選集第一編』（四三版）邦楽社
宮崎隆（1964）「『掛唄』の記憶—盆踊り唄『さんさ踊り』の場合—」『日本歌謡研究1巻1号』日本歌謡学会　pp.114-124
宮沢賢治（1963）『岩波の愛蔵版4　風の又三郎　宮沢賢治童話集1』岩波書店
山口仲美（2003）『暮らしのことば　擬音語擬態語辞典』講談社
山田洋次（監督）（1971）『男はつらいよ純情篇』松竹
横道萬里雄・蒲生郷昭（構成・解説）（1978）LP『口唱歌大系—日本の楽器のソルミゼーション』CBSソニー
吉住小十郎事山田舜平（2011）『長唄新稽古本（第三十七編）勧進帳』邦楽社
A．トルストイ再話　内田莉莎子訳　佐藤忠良画（1962）『おおきなかぶ（ロシアの昔話）』福音館書店

◆初出・構成
　本書はこれまでの筆者の論考（伊野 2001, 2003a, 2003b, 2007, 2009, 2010a, 2010b, 2017）をもとに新たな執筆を加え，再構成したものです．なお，本書掲載の譜は，筆者によるものです．